Inhaltsverzeichnis

Rechenquadrat — 1

Zerlegen und Rechnen im Zahlenraum bis 20 — 2
  I. Aufgaben mit Einern und Einern ohne Zehnerübergang — 2
  II. Rechnen mit Zehner-Einer-Zahlen und Einern ohne Zehnerübergang — 5
  III. Aufgaben mit Einern und Einern mit Zehnerübergang — 8
  IV. Aufgaben mit Zehner-Einer-Zahlen und Einern mit Zehnerübergang — 9
  V. Ordnen und Vergleichen von Zehner-Einer-Zahlen und Einern — 14

Rechnen im Zahlenraum bis 100 — 15
  I. Ordnen und Vergleichen von Zehnern — 15
  II. Rechnen mit Zehnern — 16
  III. Ordnen und Vergleichen von Zehner-Einer-Zahlen — 17
  IV. Gemischte Aufgaben mit Zehner-Einer-Zahlen und Einern — 20
  V. Aufgaben für Rechenmeister — 37

Blankovorlagen — 38

Lösungen — 40

Benutzerhinweis:

Rufzeichen markieren **etwas schwierigere** Aufgaben

Rechenmeister kennzeichnen **schwere** Aufgaben

+ und – ohne Zehnerübergang

1. Berechne die Rechenmauern.

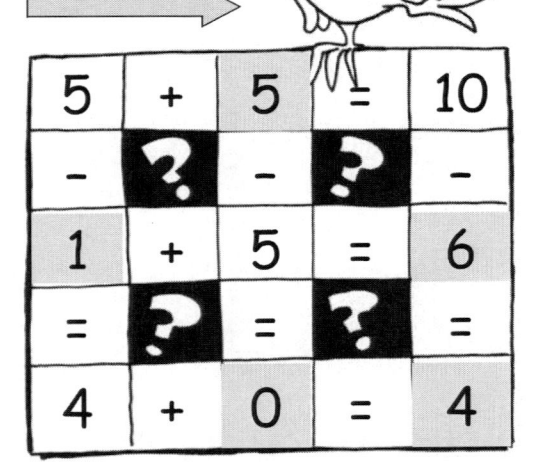

Mauer 1: 2, 2, 2 / 4, 4 / 8
Mauer 2: 3, 2, 3
Mauer 3: 2, _, 3 mit 4 oben
Mauer 4: 2, _, 3 mit 5 oben
Mauer 5: _, 4, 2 mit 4 oben

2. Ergänze die Rechenrätsel.

Beispiel:

5	+	5	=	10
–	?	–	?	–
1	+	5	=	6
=	?	=	?	=
4	+	0	=	4

...	+	4	=	6
+	?	–	?	–
		–	2	=
=	?	=	?	=
4	+		=	

8	–	...	=	4
–	?	+	?	+
		–		=
=	?	=	?	=
2	+	6	=	

und ohne Zehnerübergang

1. Verbinde die Aufgaben mit dem Ergebnis.

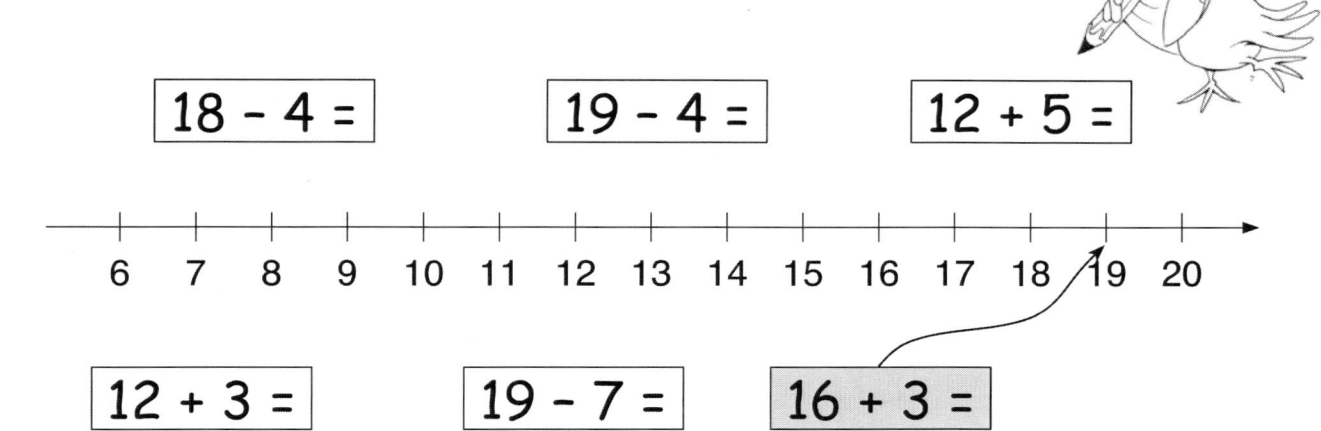

| 18 - 4 = | | 19 - 4 = | | 12 + 5 = |

6 7 8 9 10 11 12 13 14 15 16 17 18 19 20

| 12 + 3 = | | 19 - 7 = | | 16 + 3 = |

2. Ergänze die Rechenrätsel.

14	+	6	=	...
-	?	-	?	-
	+		=	
=	?	=	?	=
12	-		=	12

	+	8	=	20
-	?	-	?	-
	+	2	=	
=	?	=	?	=
10	+		=	16

3. Verbinde die Aufgaben zum Ergebnis auf dem Zahlenstrahl.

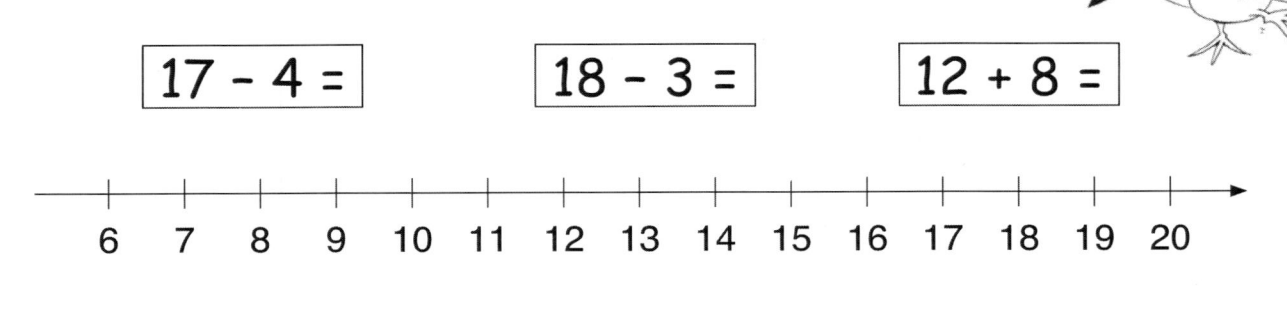

| 17 - 4 = | | 18 - 3 = | | 12 + 8 = |

6 7 8 9 10 11 12 13 14 15 16 17 18 19 20

| 13 + 3 = | | 12 + 7 = | | 19 - 6 = |

2E und E mit Zehnerübergang

1. Trage die fehlenden Zahlen ein.

Vogel 1 (17):
- 4 +
- 6 +
- 9 + 8
- 12 +
- 2 +
- 19 −

Vogel 2 (9):
- 3 +
- 20 −
- 15 −
- 12 −
- 14 −
- 18 −

Vogel 3 (14):
- 3 +
- 20 −
- 18 −
- 8 +
- 7 +
- 6 +

2. Ergänze die Rechenrätsel.

9	+		=	16
−	?	−	?	−
	+		=	
=	?	=	?	=
9	+		=	12

	+	8	=	16
−	?	−	?	−
5	+		=	
=	?	=	?	=
	+		=	7

	+	8	=	
+	?	−	?	+
	−		=	6
=	?	=	?	=
13	+		=	20

+ und – mit Zehnerübergang

1. Verbinde die Aufgaben mit dem Ergebnis.

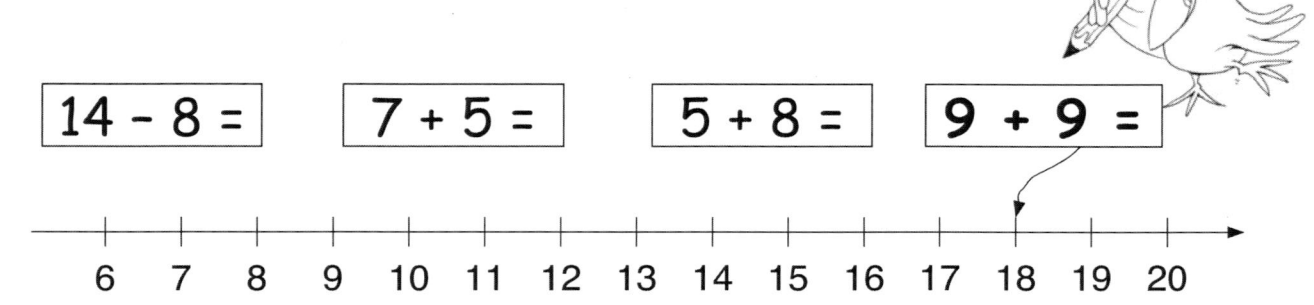

   | 14 − 8 = | 7 + 5 = | 5 + 8 = | 9 + 9 = |

   Zahlenstrahl: 6 7 8 9 10 11 12 13 14 15 16 17 18 19 20

   | 6 + 7 = | 13 − 6 = | 18 − 5 = | 8 + 7 = |

2. Male die Sterne mit dem Ergebnis **6 gelb**.
   Male die Sterne mit dem Ergebnis **7 rot**.

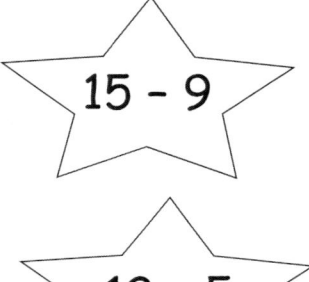

   - 15 − 9
   - 16 − 10
   - 12 − 6
   - 15 − 8
   - 18 − 12
   - 12 − 5
   - 13 − 7
   - 19 − 12
   - 14 − 7

3. Rechne die Aufgaben. Schreibe die Buchstaben unter das richtige Ergebnis.

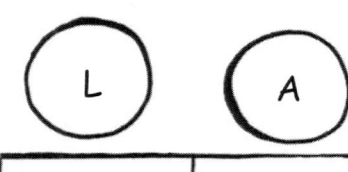

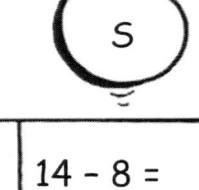

   L A S K E

   | 12 + 6 = | 8 + 7 = | 14 − 8 = | 6 + 7 = | 16 − 9 = |

13	18	15	6	6	7

und mit Zehnerübergang

1. Berechne die Rechenmauern.

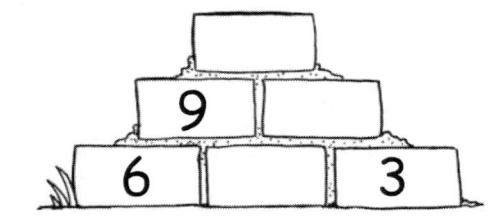

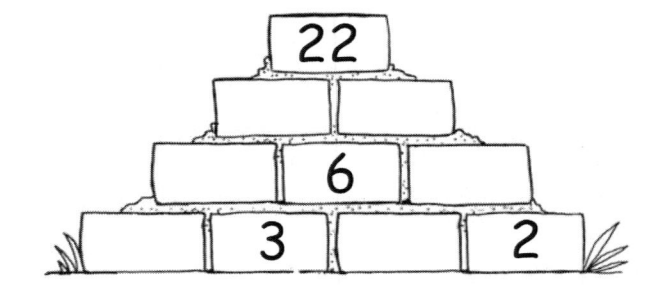

   Mauer 1: 2, 7, 4

   Mauer 2: Spitze leer, Mitte: 9, _ ; Basis: 6, _, 3

   Mauer 3: Spitze 19, Mitte: _, _ ; Basis: _, 5, 6

   Mauer 4: Spitze leer; Reihe 2: 22, _ ; Reihe 3: _, 6, _ ; Basis: 3, _, _, 2

   Mauer 5: Spitze leer; Reihe 2: 8, _ ; Reihe 3: _, 4, _ ; Basis: 2, _, _, 2

2. Berechne die Kettenaufgaben. Achte auf die Rechenzeichen.

   5 + 3 + 7 =

   17 − 9 − 6 =

   3 + 9 + 8 =

   7 + 5 − 8 =

   12 − 8 + 7 =

   13 − 4 − 7 =

   3 + 8 + 4 =

   11 − 8 − 2 =

   15 − 7 + 5 =

   7 + 7 − 5 =

+ und − mit Zehnerübergang

1. Rechne und schreibe die Ergebnisse in die Kästchen.

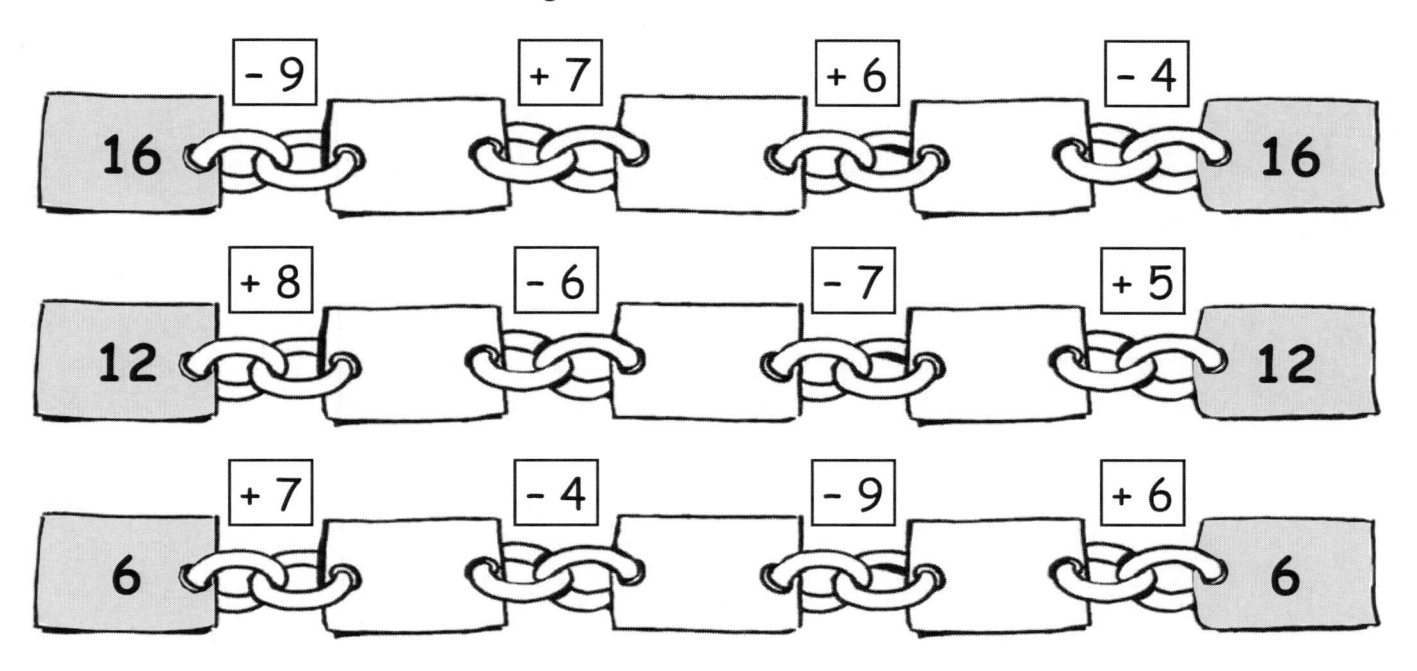

16 → −9 → ☐ → +7 → ☐ → +6 → ☐ → −4 → 16

12 → +8 → ☐ → −6 → ☐ → −7 → ☐ → +5 → 12

6 → +7 → ☐ → −4 → ☐ → −9 → ☐ → +6 → 6

2. Ergänze die Rechenrätsel.

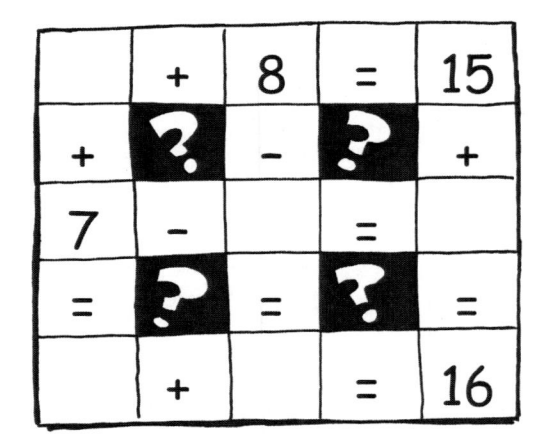

	+	8	=	15
+	?	−	?	+
7	−		=	
=	?	=	?	=
	+		=	16

	+	6	=	12
+	?	−	?	−
	+		=	
=	?	=	?	=
11	−		=	6

3. Setze auch + und − ein.

	+	8	=	
+	?		?	+
9	−		=	8
=	?	=	?	=
12	+		=	

9	+		=	
+	?	−	?	
	−	4	=	3
=	?	=	?	=
	+		=	20

Ordnen und Vergleichen von 🦕 und 🦖

1. Ordne nach der Größe.

6; 12; 8; 15; 9; 7; 11; 17; 4; 20; 5

| 4 | 5 | | | | | | | | | |

2. Setze >, < oder = ein.   100 [>] 17

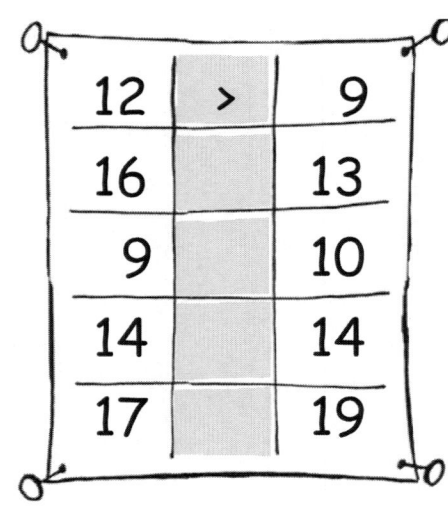

12	>	9
16		13
9		10
14		14
17		19

16		14
9		7
18		20
15		13
2		0

13		11
15		14
11		17
8		8
21		12

3. Setze >, < oder = ein.

| 9 + 8 | | 19 | | 14 − 7 | | 7 | | 8 − 8 | | 17 |

| 8 + 5 | | 12 | | 17 − 9 | | 6 | | 15 − 7 | | 8 |

| 7 + 9 | | 16 | | 18 − 9 | | 9 | | 6 + 5 | | 12 |

| 6 + 7 | | 14 | | 15 − 8 | | 8 | | 13 − 7 | | 6 |

H. G. Witzel: Produktives Üben: Plus- und Minusaufgaben im Zahlenraum bis 100
© Persen Verlag

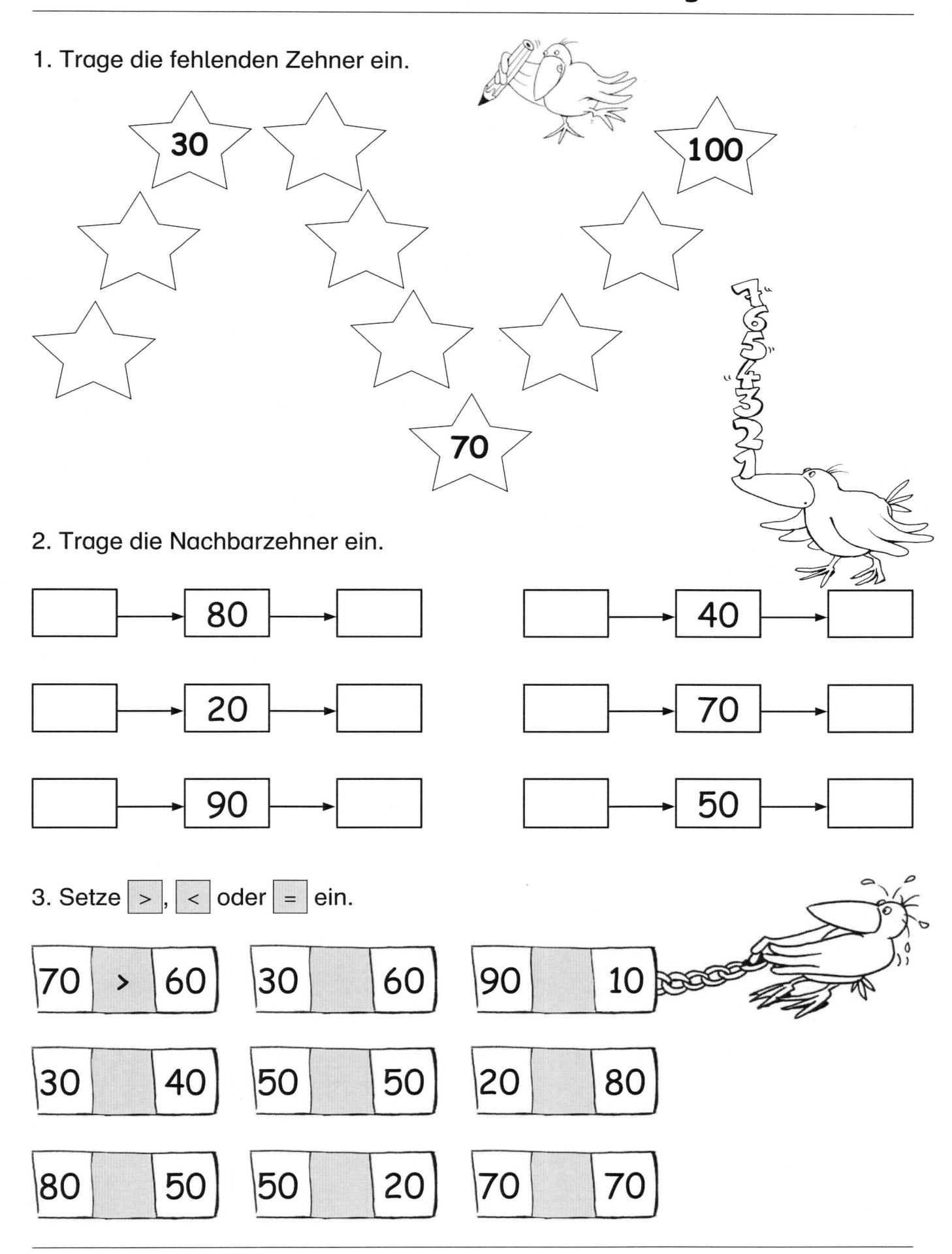

Ordnen und Vergleichen von Z

1. Trage die fehlenden Zehner ein.

   30   ☆   ☆   100
   ☆   ☆   ☆
   ☆   ☆   ☆
        70

2. Trage die Nachbarzehner ein.

   ☐ → 80 → ☐   ☐ → 40 → ☐

   ☐ → 20 → ☐   ☐ → 70 → ☐

   ☐ → 90 → ☐   ☐ → 50 → ☐

3. Setze >, < oder = ein.

70 > 60	30 ☐ 60	90 ☐ 10
30 ☐ 40	50 ☐ 50	20 ☐ 80
80 ☐ 50	50 ☐ 20	70 ☐ 70

Rechnen mit Z

1. Rechne und schreibe die Ergebnisse in die Kästchen.

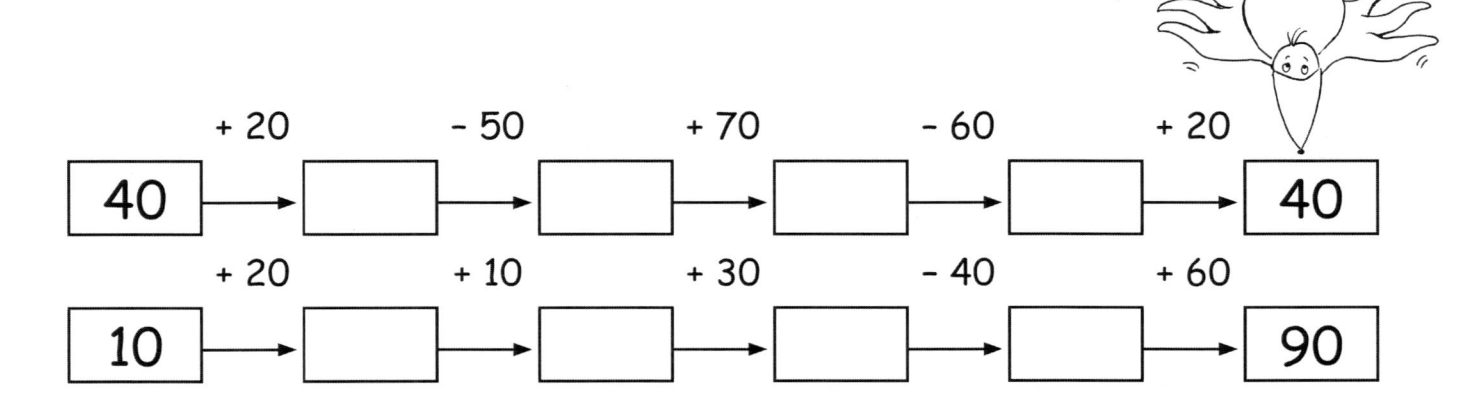

| 40 | +20 → | | −50 → | | +70 → | | −60 → | | +20 → | 40 |

| 10 | +20 → | | +10 → | | +30 → | | −40 → | | +60 → | 90 |

2. Berechne die Rechenmauern.

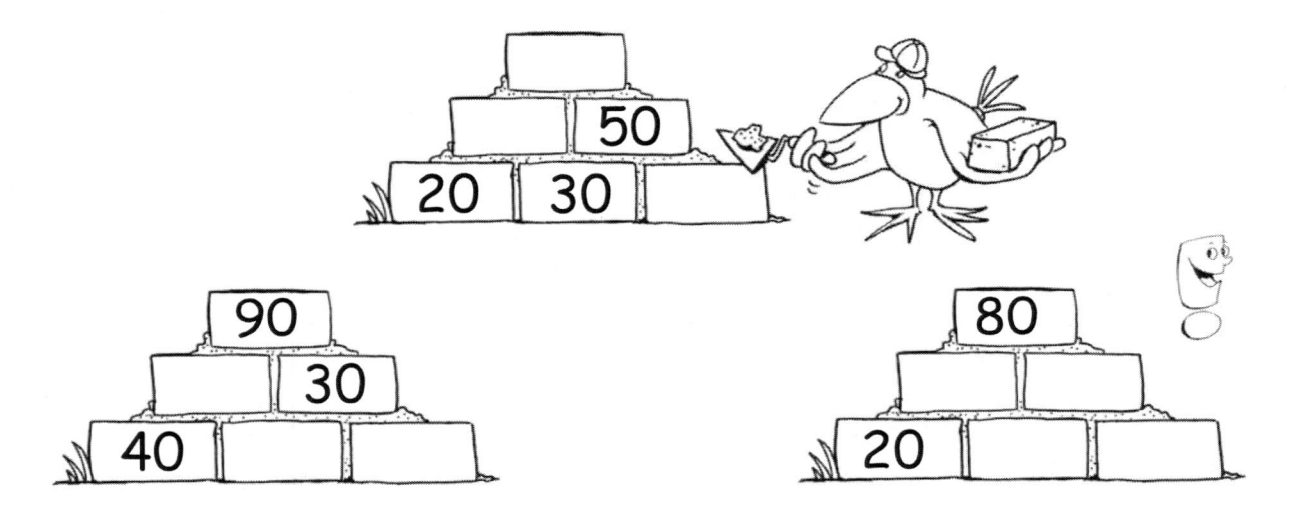

Mauer 1: unten 20, 30, __ ; Mitte 50, __ ; oben __

Mauer 2: unten 40, __, __ ; Mitte __, 30 ; oben 90

Mauer 3: unten 20, __, __ ; Mitte __, __ ; oben 80

3. Trage die fehlenden Zahlen in die Tabelle ein.

a	b	a + b	=
20	50	20 + 50	70
40	10	+	
60	30	+	
20	40	+	
10	90	+	
50	30	+	

a	b	a − b	=
60	20	−	
80	30	−	
60	40	−	
90	50	−	
70	40	−	
20	20	−	

Ordnen und Vergleichen von

1. Ordne die Zahlen.
   Beginne mit der kleinsten Zahl.

41; 52; 14; 25; 93; 39

14 → 25 → ☐ → ☐ → ☐ → 93

46; 78; 19; 36; 64; 39

19 → ☐ → ☐ → ☐ → ☐ → 78

27; 84; 21; 54; 70; 45

21 → ☐ → ☐ → ☐ → ☐ → ☐

67; 38; 11; 44; 76; 83

☐ → ☐ → ☐ → ☐ → ☐ → ☐

2. Setze >, < oder = ein.

75 > 67	19 ☐ 19	89 ☐ 83
88 ☐ 48	54 ☐ 57	72 ☐ 72
23 ☐ 32	34 ☐ 32	45 ☐ 47

Ordnen und Vergleichen von

1. Ordne die Zahlen.
   Beginne mit der **größten** Zahl.

   (19; 56; 91; 57; 23; 32)

   91 → 57 → ☐ → ☐ → ☐ → 19

   (43; 77; 34; 67; 16; 22)

   77 → ☐ → ☐ → ☐ → ☐ → 16

   (25; 44; 63; 84; 48; 21)

   84 → ☐ → ☐ → ☐ → ☐ → ☐

   (39; 55; 72; 17; 93; 27)

   ☐ → ☐ → ☐ → ☐ → ☐ → ☐

2. Setze >, < oder = ein.

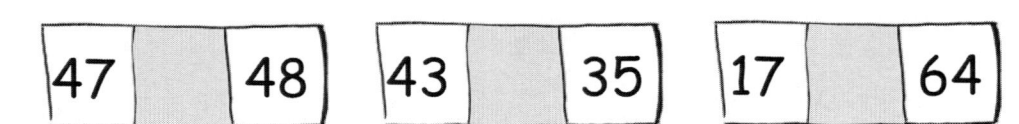

56 > 41	37 ☐ 73	51 ☐ 51
74 ☐ 74	29 ☐ 31	96 ☐ 16
47 ☐ 48	43 ☐ 35	17 ☐ 64

Ordnen und Vergleichen von

1. Setze >, < oder = ein.   100 ☐ 17

89	75
56	33
34	34
21	14
91	19
77	87

56	65
22	22
96	67
20	42
13	17
16	0

99	99
100	95
46	74
23	33
79	68
53	88

2. Setze >, < oder = ein.

74 + 5	82		91 – 4	88		32 – 7	26

63 – 7	56		82 + 9	91		56 + 7	63

100 ☐ 17

33 + 45	77		66 – 38	28		27 + 55	83

97 – 19	76		17 + 47	54		77 – 29	48

44 + 55	99		65 – 47	21		27 + 26	63

Gemischte Aufgaben mit ... und ...

1. Verbinde die Aufgaben mit dem Ergebnis.

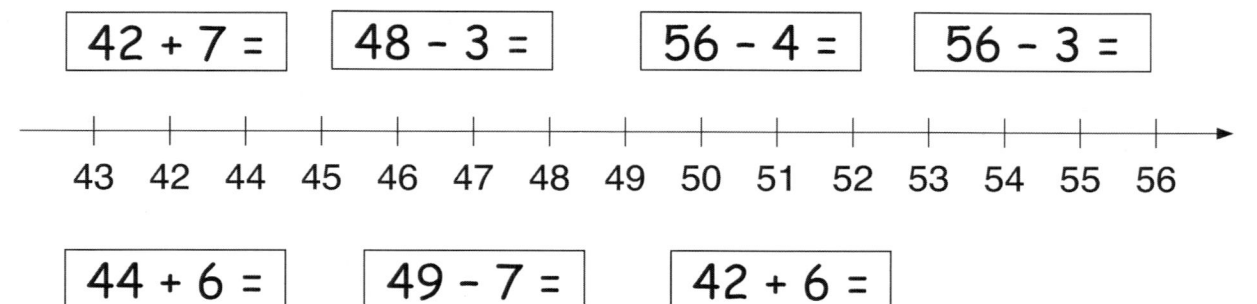

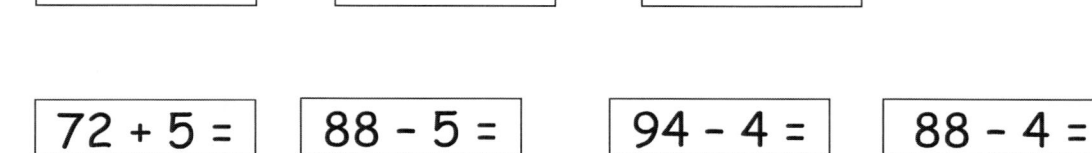

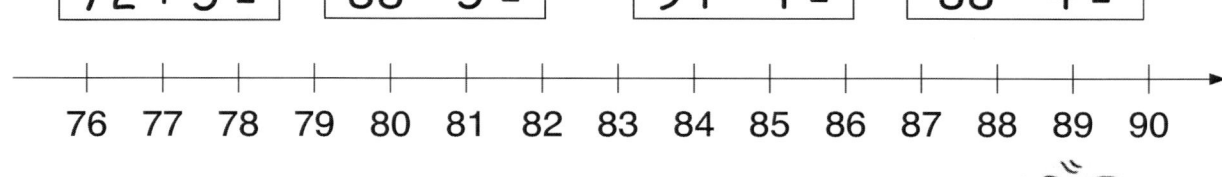

| 42 + 7 = | 48 - 3 = | 56 - 4 = | 56 - 3 = |

43 42 44 45 46 47 48 49 50 51 52 53 54 55 56

| 44 + 6 = | 49 - 7 = | 42 + 6 = |

| 72 + 5 = | 88 - 5 = | 94 - 4 = | 88 - 4 = |

76 77 78 79 80 81 82 83 84 85 86 87 88 89 90

| 74 + 6 = | 89 - 8 = | 71 + 6 = |

2. Ergänze die Rechenrätsel.

	+	20	=	
+	?	+	?	+
14	+		=	
=	?	=	?	=
	+	30	=	90

	-	50	=	15
-	?	-	?	-
35	-		=	
=	?	=	?	=
	-	25	=	

Finde auch die passenden Rechenzeichen + oder –

	+	44	=	69
+	?	-	?	+
		4	=	10
=	?	=	?	=
39			=	

			=	44
-	?	-	?	-
76			=	34
=	?	=	?	=
18	-		=	

Gemischte Aufgaben mit 🦎 und 🐛

1. Verbinde mit dem richtigen Ergebnis.

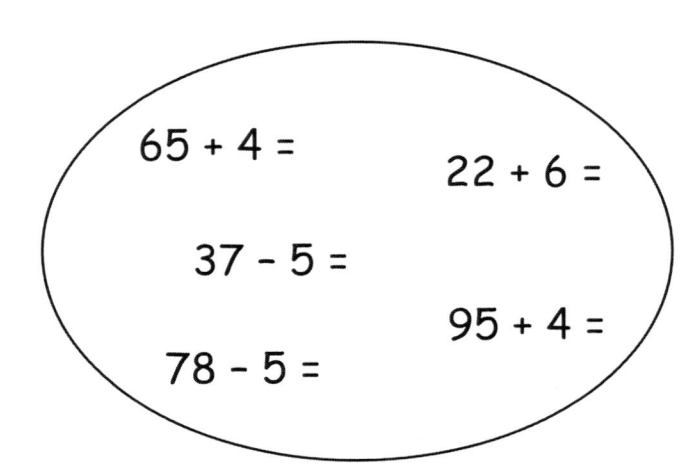

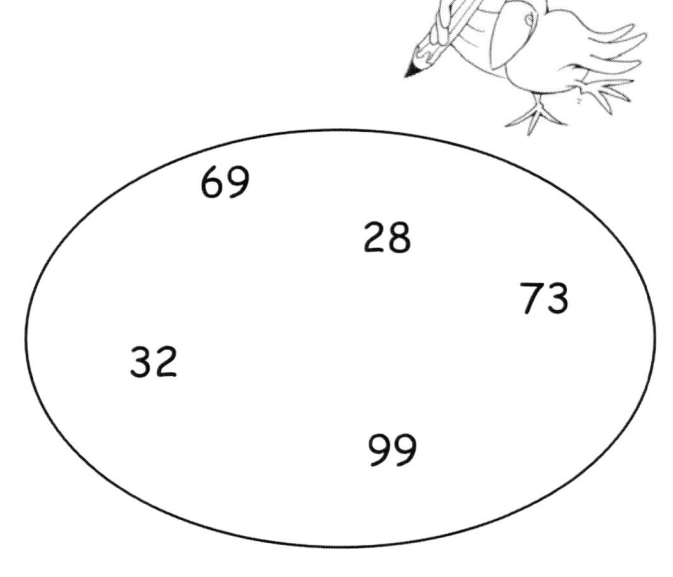

   - 65 + 4 =
   - 22 + 6 =
   - 37 − 5 =
   - 95 + 4 =
   - 78 − 5 =

   - 69
   - 28
   - 73
   - 32
   - 99

2. Berechne die Rechenmauern.

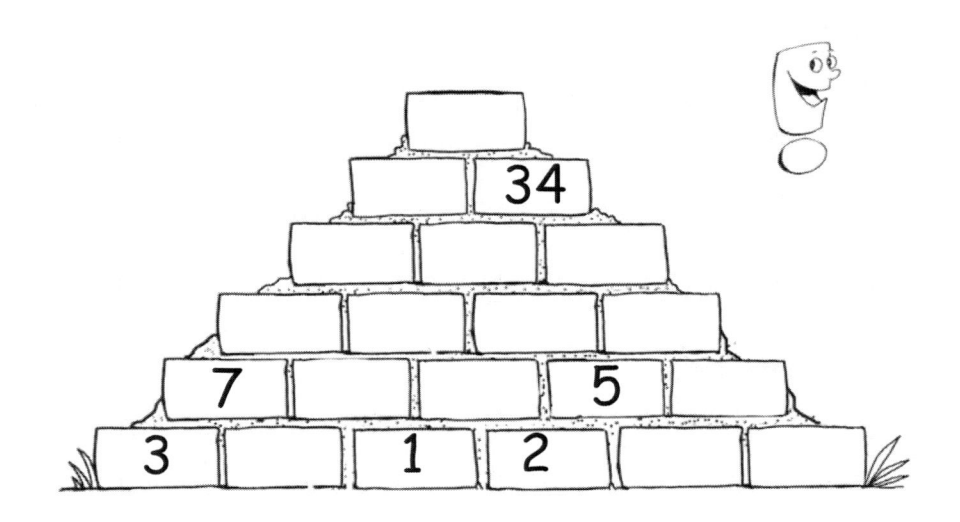

   Mauer 1 (Spitze 18):
   - Zeile 3: 5, _
   - Zeile 1: 2, 2, 3

   Mauer 2 (Spitze _):
   - Zeile 3: _, 7
   - Zeile 1: 5, 6, 2

   Mauer 3 (Spitze _):
   - Zeile 4: 34
   - Zeile 2: 7, _, 5
   - Zeile 1: 3, _, 1, 2

Gemischte Aufgaben mit und

1. Rechne und schreibe die Ergebnisse in die Kästchen.

[56] →+4 [ ] →-2 [ ] →-7 [ ] →-3 [ ] →+6 [ ] →+2 [56]

[75] →-6 [ ] →-4 [ ] →+9 [ ] →-5 [ ] →+8 [ ] →-2 [75]

[39] →-7 [ ] →-7 [ ] →+4 [ ] →-5 [ ] →+8 [ ] →+7 [39]

2. Trage die fehlenden Zahlen in die Tabelle ein.

a	a - 7	=
49	49 - 7	42
58		
60		
77		
39		
26		

a	a + 4	=
63	+	
75		
48		
86		
67		
19		

Gemischte Aufgaben mit ZE und ZE

1. Der Zahlenteppich soll immer 56 ergeben.

56	44	25		36		43	
	12		14		11		8

2. Der Zahlenteppich soll immer 79 ergeben.

79	35	49		14		56	
	44		25		38		22

3. Berechne die Rechenmauern.

Mauer 1 (Basis): 12 | 11 | 12

Mauer 2 (oben 40): 17 | 23 in Reihe 2

Mauer 3 (Basis): 11 | 13 | 12

Mauer 4 (Spitze 50): 27 | _ in Reihe 2; _ | 12 | _ in Basis

Mauer 5 (Reihe 2): 46 | 42; Basis: _ | 12 | _

Mauer 6: Spitze 29; Reihe 2: _ | 8; Basis: 3 | _ | 4

Mauer 7: Reihe 2: 6 | 8; Basis: 2 | _ | 3

Gemischte Aufgaben mit ZE und ZE

1. Verbinde die Aufgaben mit dem Ergebnis.

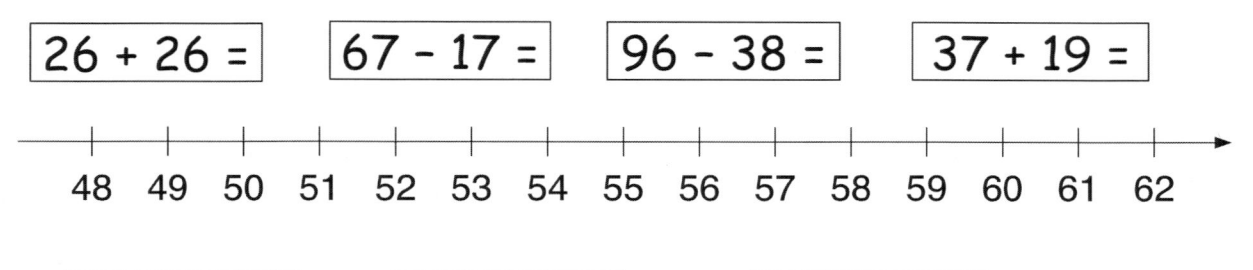

| 26 + 26 = | 67 – 17 = | 96 – 38 = | 37 + 19 = |

48 49 50 51 52 53 54 55 56 57 58 59 60 61 62

| 46 + 15 = | | 83 – 29 = | | 72 – 23 = |

2. Ergänze die Rechenrätsel.

69	+		=	
–	?	+	?	–
23	–		=	5
=	?	=	?	=
	+	27	=	

	+		=	50
+	?	–	?	+
	+	5	=	
=	?	=	?	=
53	+		=	64

Setze auch [+] oder [–] ein.

	+	28	=	
–	?	+	?	–
	–		=	18
=	?	=	?	=
10			=	48

58			=	93
–	?	–	?	
		10	=	
=	?	=	?	=
			=	45

Gemischte Aufgaben mit ZE und ZE

1. Verbinde mit dem richtigen Ergebnis.

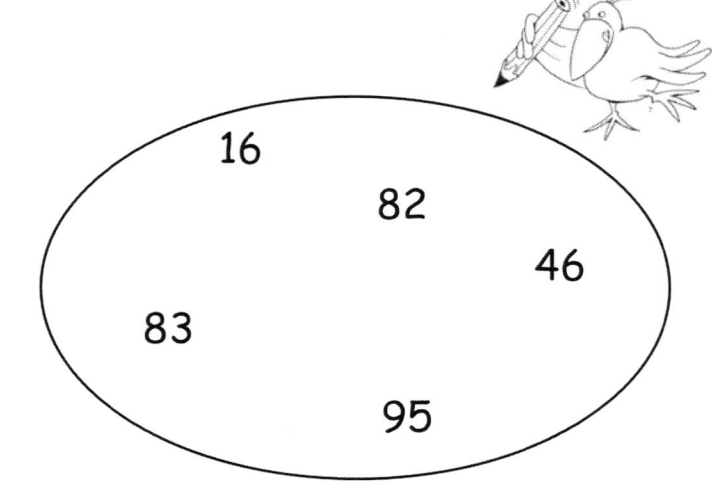

Linke Ellipse:
- 33 − 17 =
- 24 + 58 =
- 64 − 18 =
- 76 + 19 =
- 57 + 26 =

Rechte Ellipse:
- 16
- 82
- 46
- 83
- 95

2. Trage die fehlenden Zahlen ein.

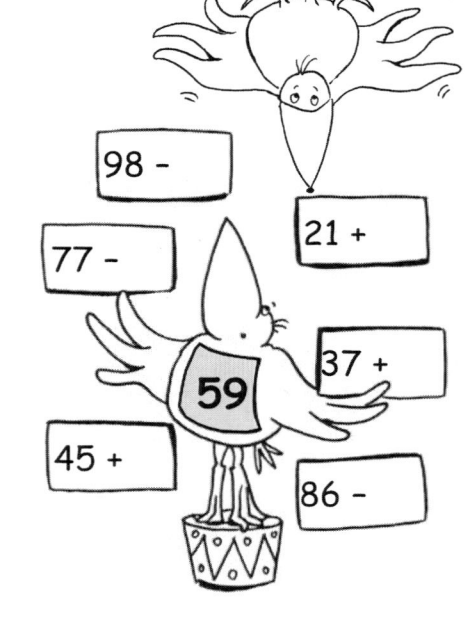

Vogel mit 63:
- 22 +
- 26 + 37
- 48 +
- 18 +
- 35 +
- 89 −

Vogel mit 37:
- 94 −
- 12 +
- 78 −
- 25 +
- 55 −
- 66 −

Vogel mit 59:
- 98 −
- 21 +
- 77 −
- 37 +
- 45 +
- 86 −

Finde eigene Aufgaben.

Vogel mit 36:
- 89 −
- 18 +
- 27 +
- 15 +
- 55 −
- 63 −

Vogel mit 48:
- +
- −
- +
- −

Vogel mit 86:
- −
- +
- +
- −
- −
- +

Gemischte Aufgaben mit 🦎 und 🦎

1. Vervollständige das Rechenrad.

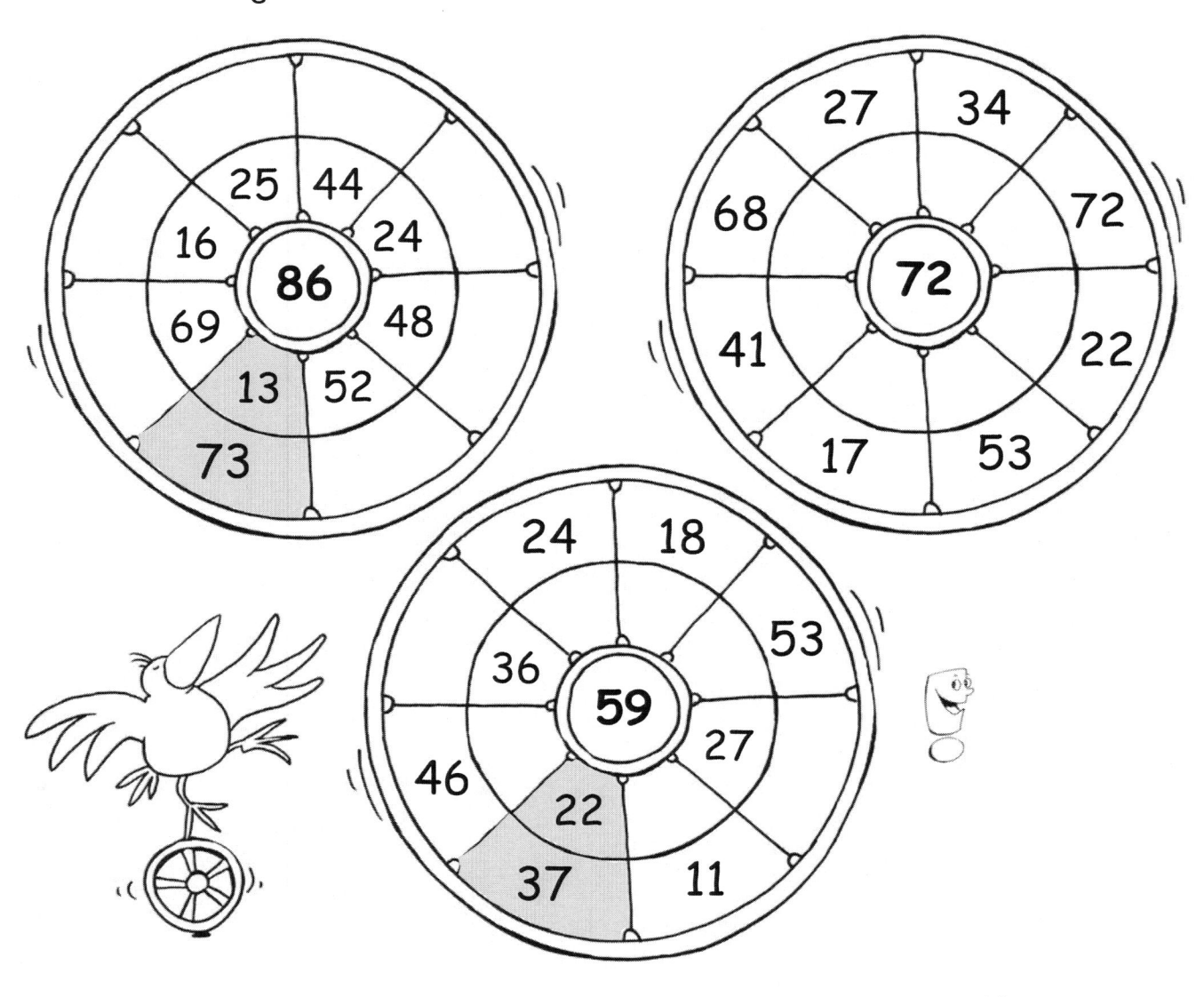

Rad 1 (Mitte 86): 25, 44, 16, 24, 69, 48, 13, 52, 73

Rad 2 (Mitte 72): 27, 34, 68, 72, 41, 22, 17, 53

Rad 3 (Mitte 59): 24, 18, 36, 53, 46, 27, 22, 37, 11

2. Ergänze das Rechenrätsel.

98	−	26	=	
−	?	−	?	−
		−		=
=	?	=	?	=
26	−		=	16

	+	48	=	71
+	?	−	?	+
		−	1	=
=	?	=	?	=
52	+		=	99

Gemischte Aufgaben mit Z und ZE

Eine Seite Rechenmauern.

Mauer 1: untere Reihe 27, 16, 33
Mauer 2: oben 29; untere Reihe _, 13, 15

Mauer 3: Mitte 28; untere Reihe 19, _, 12
Mauer 4: Mitte 41; untere Reihe 17, _, 18
Mauer 5: oben 72; untere Reihe _, 19, 18

Mauer 6: untere Reihe 26, 28, _; Mitte _, _; unten zusätzlich 9
Mauer 7: Mitte 51, _; untere Reihe _, 18, 27
Mauer 8: oben 97; untere Reihe _, 27, 15

Große Mauer (4 Reihen): Mitte 24; untere Reihe 8, _, 5, 8
Große Mauer rechts: oben 58; Reihe darunter _, 29; Reihe darunter _, _, 15; untere Reihe _, _, _, 6
Große Mauer unten: oben 71; Reihe darunter _, 26; untere Reihe 9, _, 18

Gemischte Aufgaben mit ZE und ZE

1. Vervollständige die Zahlenteppiche.

72		25		19		38	
	35		57		43		63

44		17		26		37	
	28		19		21		14

2. Berechne die Rechenmauern.

Mauer 1:
- 31
- 10, _, 12
- 4, 2, _, 5

Mauer 2:
- _
- 22, _, 16
- 13, _, 9
- 8, _, 4, 6

Mauer 3:
- _
- _, _
- 13, 12, _
- 5, 6, _, 7

Mauer 4:
- _
- 37, _
- _, 19
- 9, _, 24
- 3, _, _, 4

Gemischte Aufgaben mit ZE und ZE

1. Rechne und schreibe die Ergebnisse in die Kästchen.

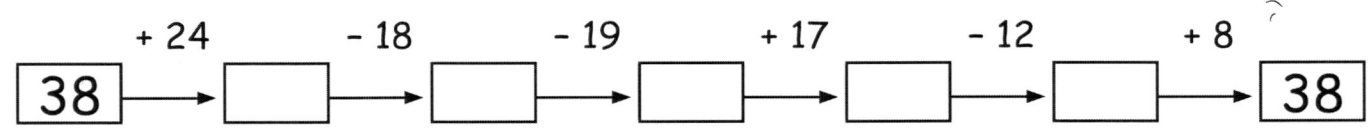

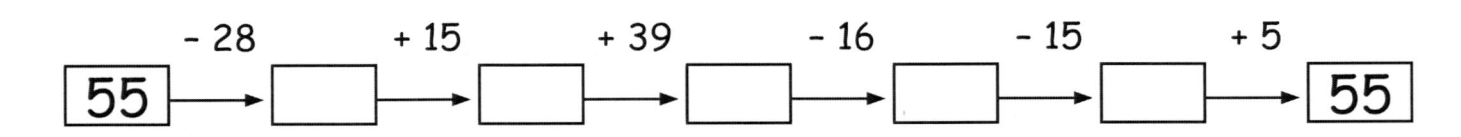

| 38 | +24 → ☐ | −18 → ☐ | −19 → ☐ | +17 → ☐ | −12 → ☐ | +8 → 38 |

| 55 | −28 → ☐ | +15 → ☐ | +39 → ☐ | −16 → ☐ | −15 → ☐ | +5 → 55 |

| 32 | +29 → ☐ | −17 → ☐ | +47 → ☐ | −16 → ☐ | +25 → ☐ | −58 → ☐ |

2. Verbinde mit dem richtigen Ergebnis.

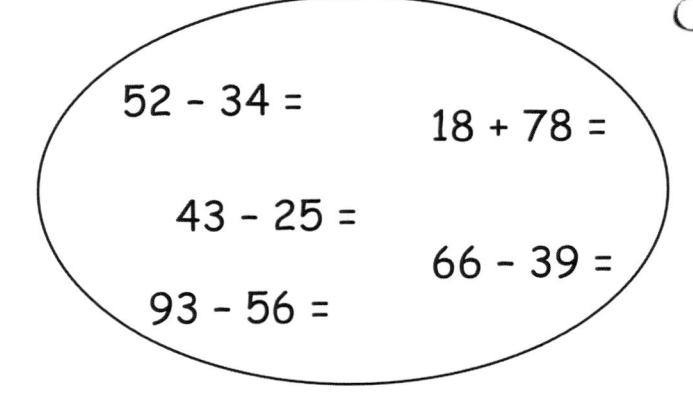

33 − 17 =
24 + 58 =
64 − 18 =
76 + 19 =
57 + 26 =

16
82
46
83
95

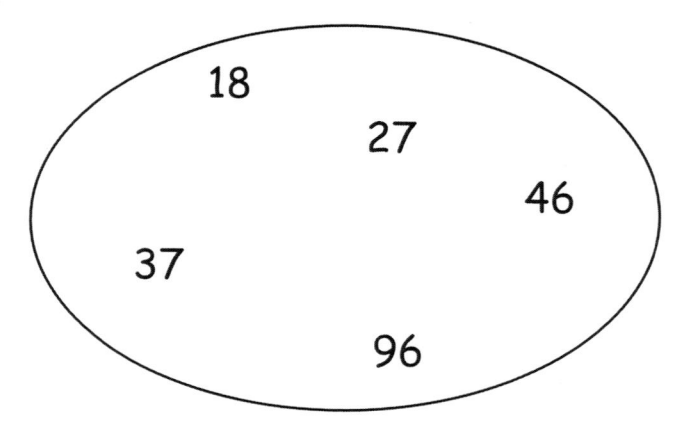

52 − 34 =
18 + 78 =
43 − 25 =
66 − 39 =
93 − 56 =

18
27
46
37
96

Gemischte Aufgaben mit ZE und ZE

1. Ergänze das Rechenrätsel.
   Setze auch + oder – ein.

6	+		=	24
+	?		?	
	+		=	
=	?	=	?	=
30			=	90

	+	22	=	
+	?	+	?	+
16			=	
=	?	=	?	=
		30	=	90

2. Berechne die Kettenaufgaben.

| 14 | + | 27 | + | 36 | = | |

| 45 | + | 17 | + | 26 | = | |

| 12 | + | 36 | + | 48 | = | |

| 56 | + | 18 | + | 24 | = | |

| 21 | + | 16 | + | 49 | = | |

| 47 | + | 34 | – | 36 | = | |

| 29 | + | 53 | – | 48 | = | |

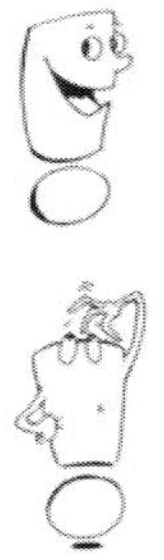

Gemischte Aufgaben mit ➕ und ➖

1. Verbinde mit dem richtigen Ergebnis.

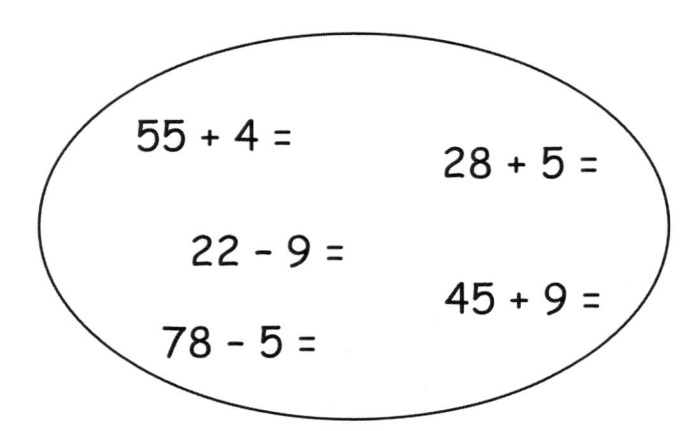

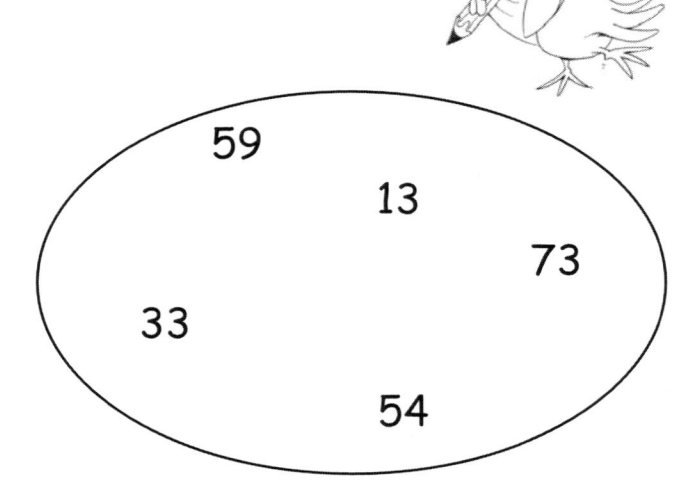

Linkes Oval:
- 55 + 4 =
- 28 + 5 =
- 22 − 9 =
- 45 + 9 =
- 78 − 5 =

Rechtes Oval: 59, 13, 73, 33, 54

2. Verbinde die Aufgaben mit dem Ergebnis.

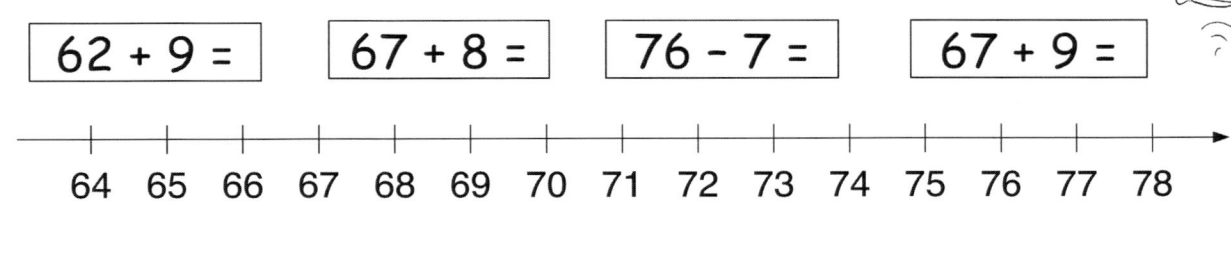

| 62 + 9 = | 67 + 8 = | 76 − 7 = | 67 + 9 = |

Zahlenstrahl: 64 65 66 67 68 69 70 71 72 73 74 75 76 77 78

| 66 + 6 = | 74 − 8 = | 77 − 9 = |

3. Ergänze das Rechenrätsel.

Linkes Rätsel:

18	+		=	27
−	?	−	?	−
	+		=	5
=	?	=	?	=
	+	8	=	

Rechtes Rätsel:

	+	5	=	
−	?	+	?	−
10	−		=	9
=	?	=	?	=
	+		=	74

Gemischte Aufgaben mit 🦆 und 🦆

1. Berechne die Rechenmauern.

```
    22
   /  \
   6
  3  2
```

```
    26
    8
    4
       2
```

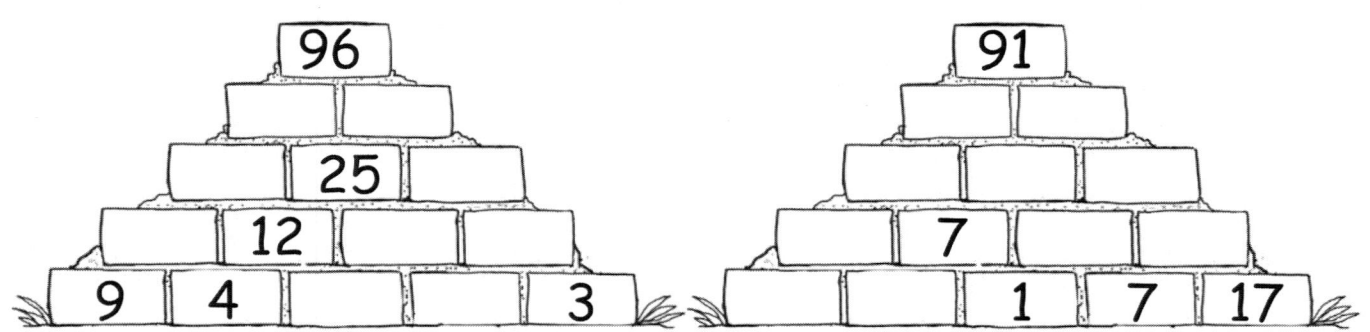

```
    96
   25
   12
  9 4   3
```

```
    91
    7
  1 7 17
```

2. Setze >, < oder = ein.

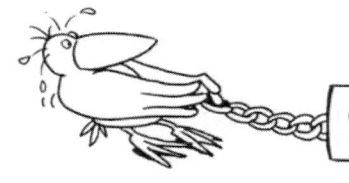

| 9 + 7 | ☐ | 18 | 56 + 26 | ☐ | 82 | 34 – 17 | ☐ | 19 |

| 52 + 9 | ☐ | 62 | 74 – 3 | ☐ | 75 | 4 + 7 | ☐ | 11 |

| 45 + 0 | ☐ | 0 | 19 – 6 | ☐ | 12 | 97 – 28 | ☐ | 68 |

Gemischte Aufgaben mit ZE und ZE

1. Berechne die Rechenmauern.

Mauer 1: Spitze 68; Reihe darunter: __, 16; nächste Reihe: 5, __, 12; Basis: __, 3, 8, __

Mauer 2: Spitze __; Reihe darunter: 44, 26; nächste Reihe: 7, __, 15; Basis: __, 3, 4, __

Mauer 3: Spitze 92; Reihe darunter: 20, 28; nächste Reihe: 9, __, __; Basis: 4, __, __, __

Mauer 4: Spitze __; Reihe darunter: 53, 27; nächste Reihe: __, 11; Basis: 3, 7, __, __

2. Das magische Quadrat
   Alle Zahlen waagerecht (⟷), senkrecht (↕) und diagonal (⤡) sollen das gleiche Ergebnis haben.

Summe 6

1	2	3
2	3	1
3	1	2

= 6

Summe 15

...	8	6
10		
		9

Gemischte Aufgaben mit ZE und ZE

1. **Das magische Quadrat**
   Alle Zahlen waagerecht (⟷), senkrecht (↕) und diagonal (⤡) sollen das gleiche Ergebnis haben.

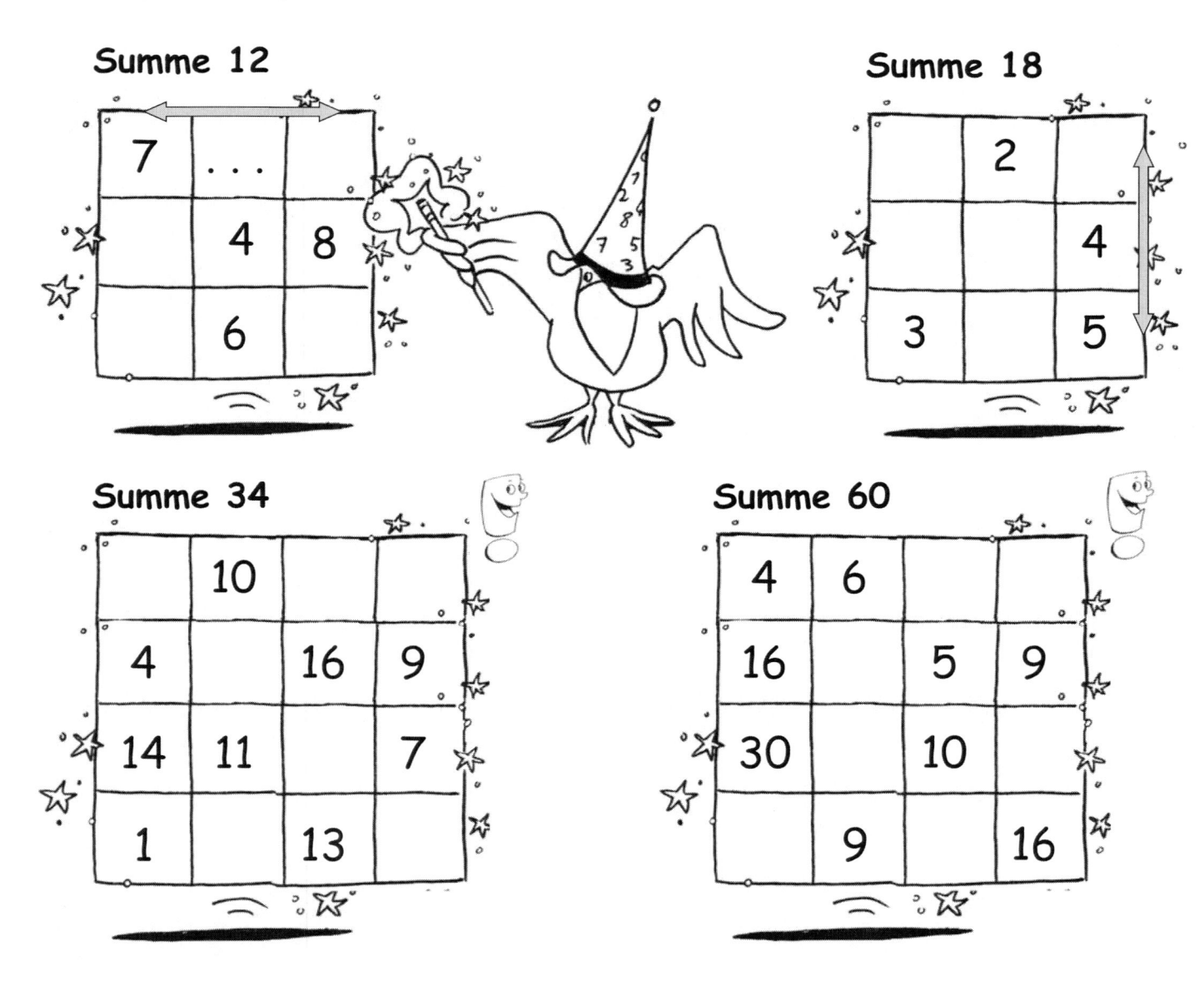

Summe 12

7	...	
	4	8
	6	

Summe 18

		2
		4
3		5

Summe 34

	10		
4		16	9
14	11		7
1		13	

Summe 60

4	6		
16		5	9
30		10	
		9	16

2. **Berechne die Rechenmauer.**

		38		
	28			
	8			3
	3	2		1

Gemischte Aufgaben mit ZE und ZE

1. Berechne die Kettenaufgaben. Achte auf die Rechenzeichen.

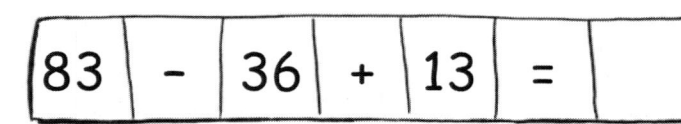

| 83 | – | 36 | + | 13 | = |

| 75 | – | 47 | – | 28 | = |

| 93 | – | 66 | + | 16 | = |

| 56 | + | 37 | – | 47 | = |

2. Das magische Quadrat
   Alle Zahlen waagerecht (⟷), senkrecht (↕) und diagonal (⤡) sollen das gleiche Ergebnis haben.

Summe 15

8		6
		7
	9	

Summe 15

	7	2
1		

Summe 34

	2	3	
5		10	8
	7		12
4		15	

Aufgaben für Rechenmeister

1. Trage die Ergebnisse in die Tabelle ein.

a	a + 8
63	71
75	...
67	
...	42
	86
	17

a	a − 9
94	
	83
	38
54	
25	
	27

a	b	a + b
34	48	
25	43	
56		84
55		92
46	27	
32	44	

a	b	a − b
27		9
	56	31
73	58	
92	48	
28		15
	56	29

2. Ergänze die Rechenrätsel. Setze auch + oder − ein.

```
  _  ?  _  ?  _  = 88
  +  ?     ?     +
  7  +  1        =
  =  ?  =  ?     =
 86        =
```

```
 36  _  ?     ?     = 44
  −  ?           ?
        +  5        =
  =  ?  =  ?        =
              +        = 38
```

3. Rechne die Aufgaben. Schreibe die Buchstaben unter das richtige Ergebnis.

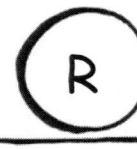

R   I   T   G   E   F

| 18 + 29 = | 34 + 57 = | 47 − 38 = | 26 + 29 = | 83 − 69 = | 17 + 17 = |

34	14	47	9	91	55

Blankovorlagen

- Zahlenbausteine

- Rechenhäuser

- Rechenrätsel

Blankovorlagen

- Zahlenmauern

- Zahlenstrahl

Lösungen

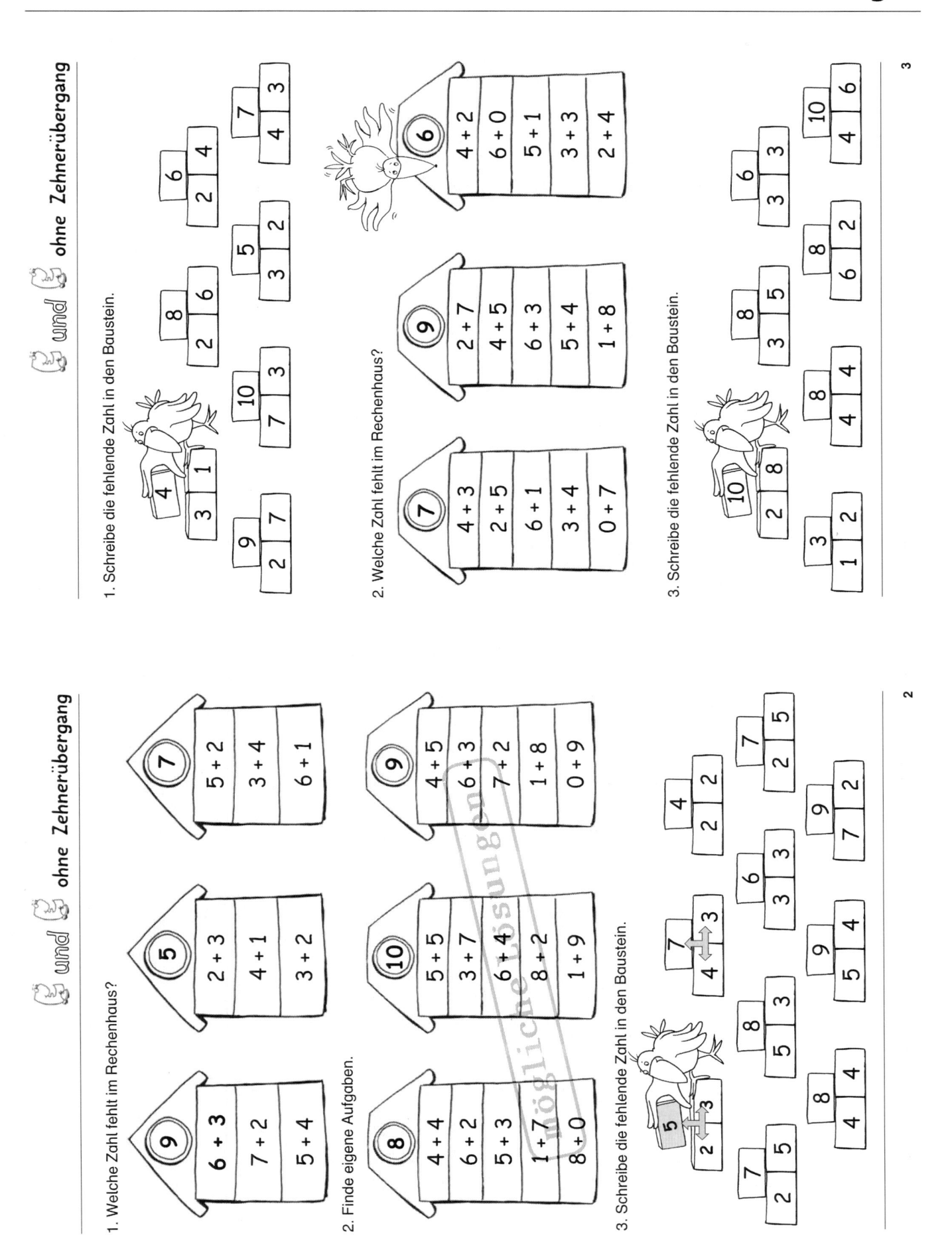

Lösungen

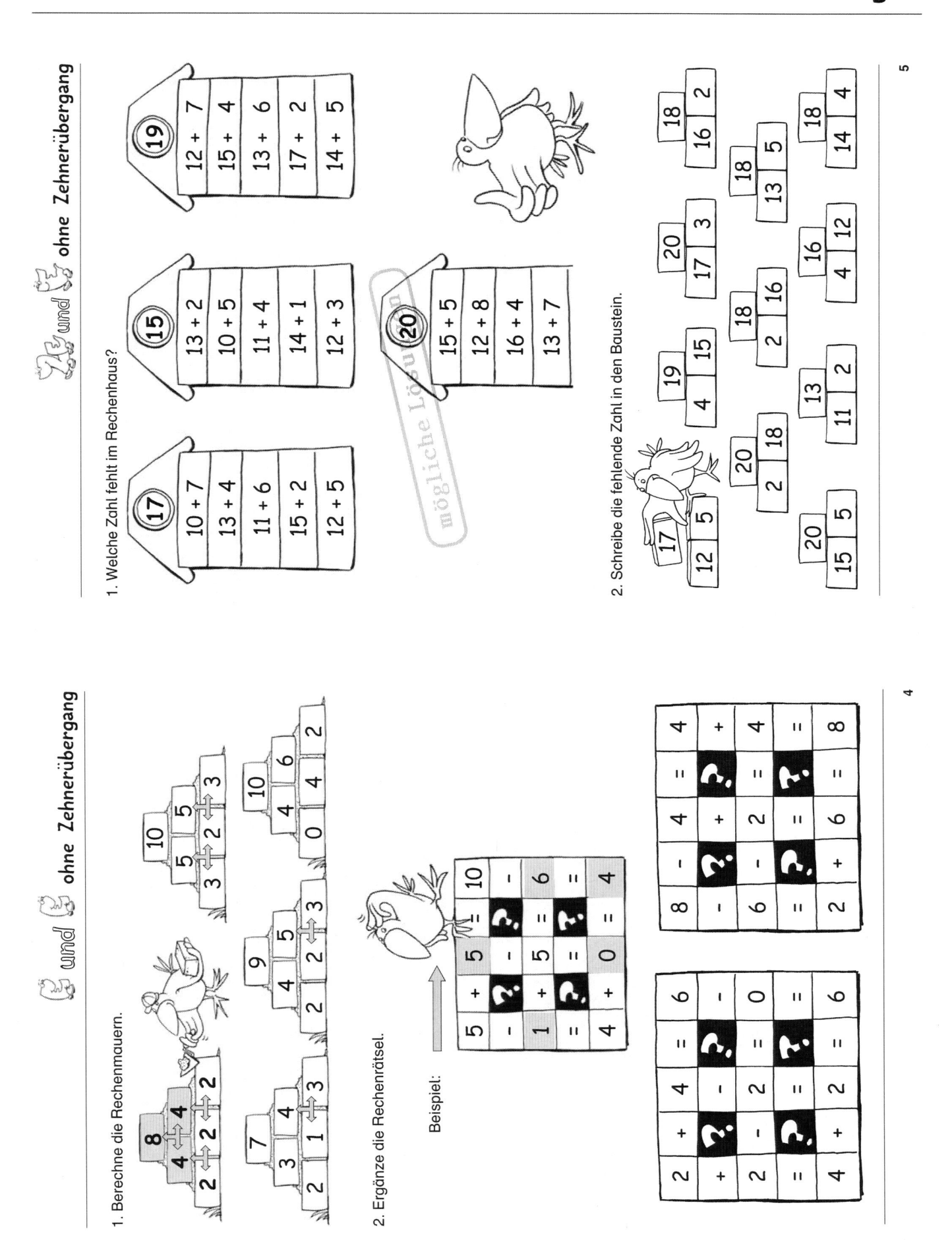

und ohne Zehnerübergang

1. Welche Zahl fehlt im Rechenhaus?

17: 10+7, 13+4, 11+6, 15+2, 12+5

15: 13+2, 10+5, 11+4, 14+1, 12+3

19: 12+7, 15+4, 13+6, 17+2, 14+5

20: 15+5, 12+8, 16+4, 13+7 *(mögliche Lösung)*

2. Schreibe die fehlende Zahl in den Baustein.

17: 12 | 5
20: 15 | 5
20: 2 | 18
19: 4 | 15
18: 2 | 16
20: 17 | 3
18: 13 | 5
18: 16 | 2
13: 11 | 2
16: 4 | 12
18: 14 | 4

---

und ohne Zehnerübergang

1. Berechne die Rechenmauern.

8 / 4,4 / 2,2,2

10 / 5,5 / 3,2,3

7 / 4,3 / 2,2,1

9 / 4,5 / 2,2,3

10 / 4,6 / 0,4,2

2. Ergänze die Rechenrätsel.

Beispiel:
5	−	?	+	?	=	10
−		−		−		−
?	−	5	=	?	=	6
=		=		=		=
4	−	1	=	?	−	4

2	+	2	−	?	=	4
+		−		−		+
?	−	2	=	?	−	2
=		=		=		=
6	−	0	=	?	−	6

8	−	6	−	?	=	2
−		−		−		+
?	−	2	=	?	−	6
=		=		=		=
4	+	4	−	?	=	8

H. G. Witzel: Produktives Üben: Plus- und Minusaufgaben im Zahlenraum bis 100
© Persen Verlag

Lösungen

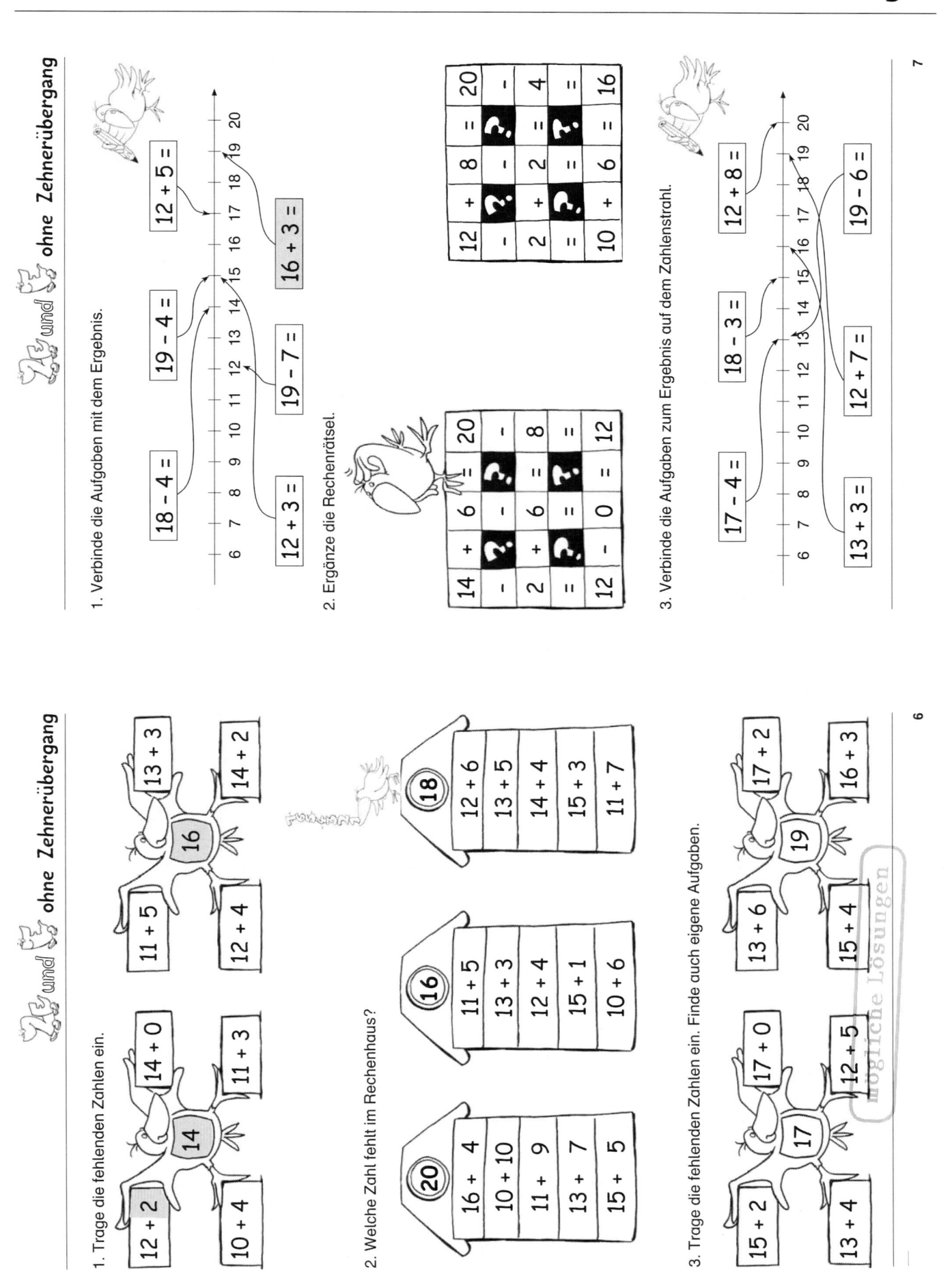

Lösungen

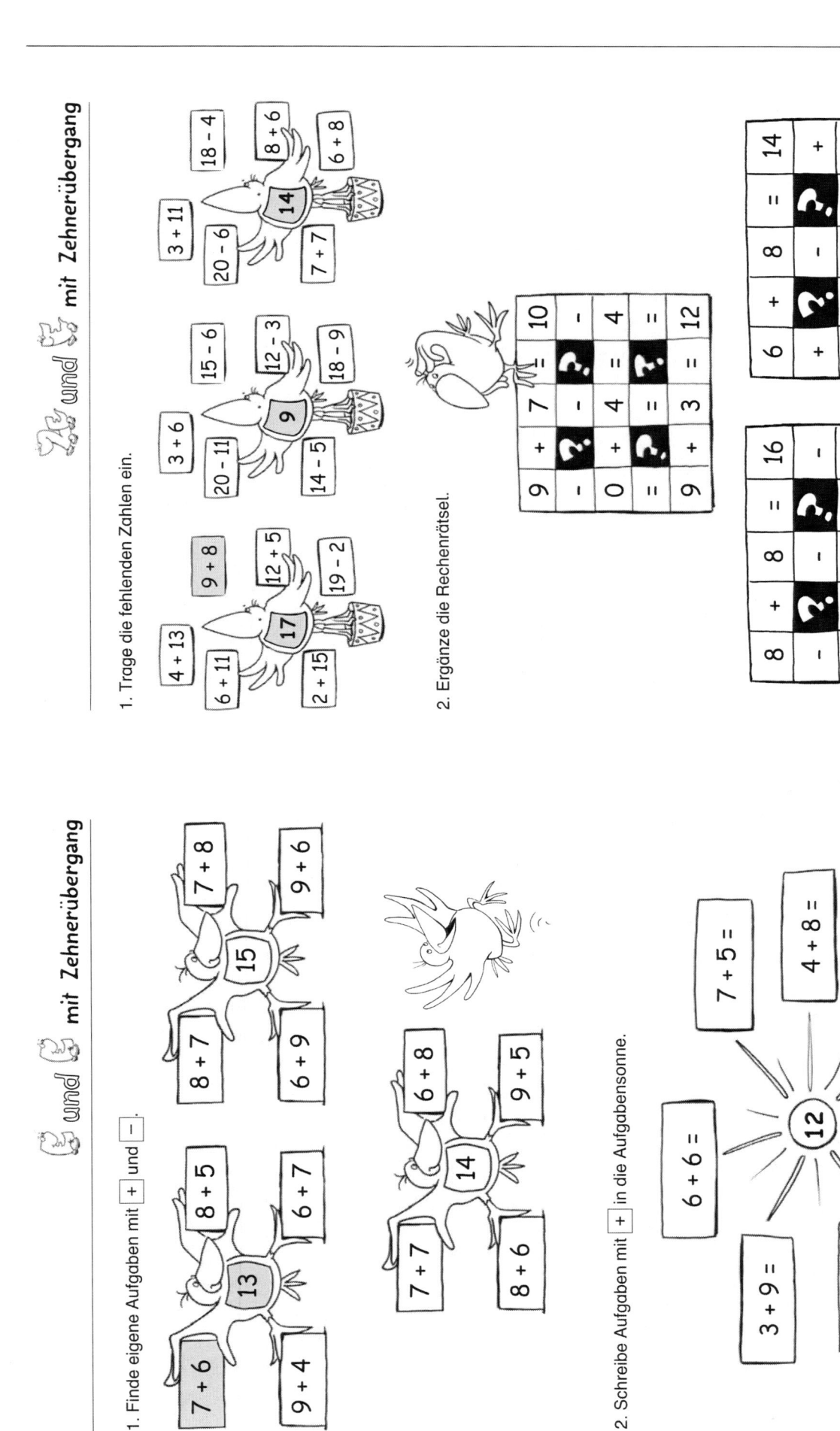

mit Zehnerübergang

1. Trage die fehlenden Zahlen ein.

Vogel 14: 18 − 4, 8 + 6, 6 + 8, 7 + 7, 20 − 6, 3 + 11

Vogel 9: 15 − 6, 12 − 3, 18 − 9, 14 − 5, 20 − 11, 3 + 6

Vogel 17: 9 + 8, 12 + 5, 19 − 2, 2 + 15, 6 + 11, 4 + 13

2. Ergänze die Rechenrätsel.

10	−	4	=	12
=				=
9	−	4	=	3
+				+
9	−	0	=	9

14	+	6	=	20
=				=
8	−	1	=	7
+				+
6	+	7	=	13

16	−	9	=	7
=				=
8	−	4	=	4
+				+
8	−	5	=	3

---

und mit Zehnerübergang

1. Finde eigene Aufgaben mit + und −.

Stern 15: 7 + 8, 9 + 6, 8 + 7, 6 + 9

Stern 13: 8 + 5, 6 + 7, 7 + 6, 9 + 4

Stern 14: 6 + 8, 9 + 5, 7 + 7, 8 + 6

2. Schreibe Aufgaben mit + in die Aufgabensonne.

mögliche Lösungen

Sonne 12: 7 + 5 =, 4 + 8 =, 9 + 3 =, 8 + 4 =, 5 + 7 =, 3 + 9 =, 6 + 6 =

H. G. Witzel: Produktives Üben: Plus- und Minusaufgaben im Zahlenraum bis 100
© Persen Verlag

Lösungen

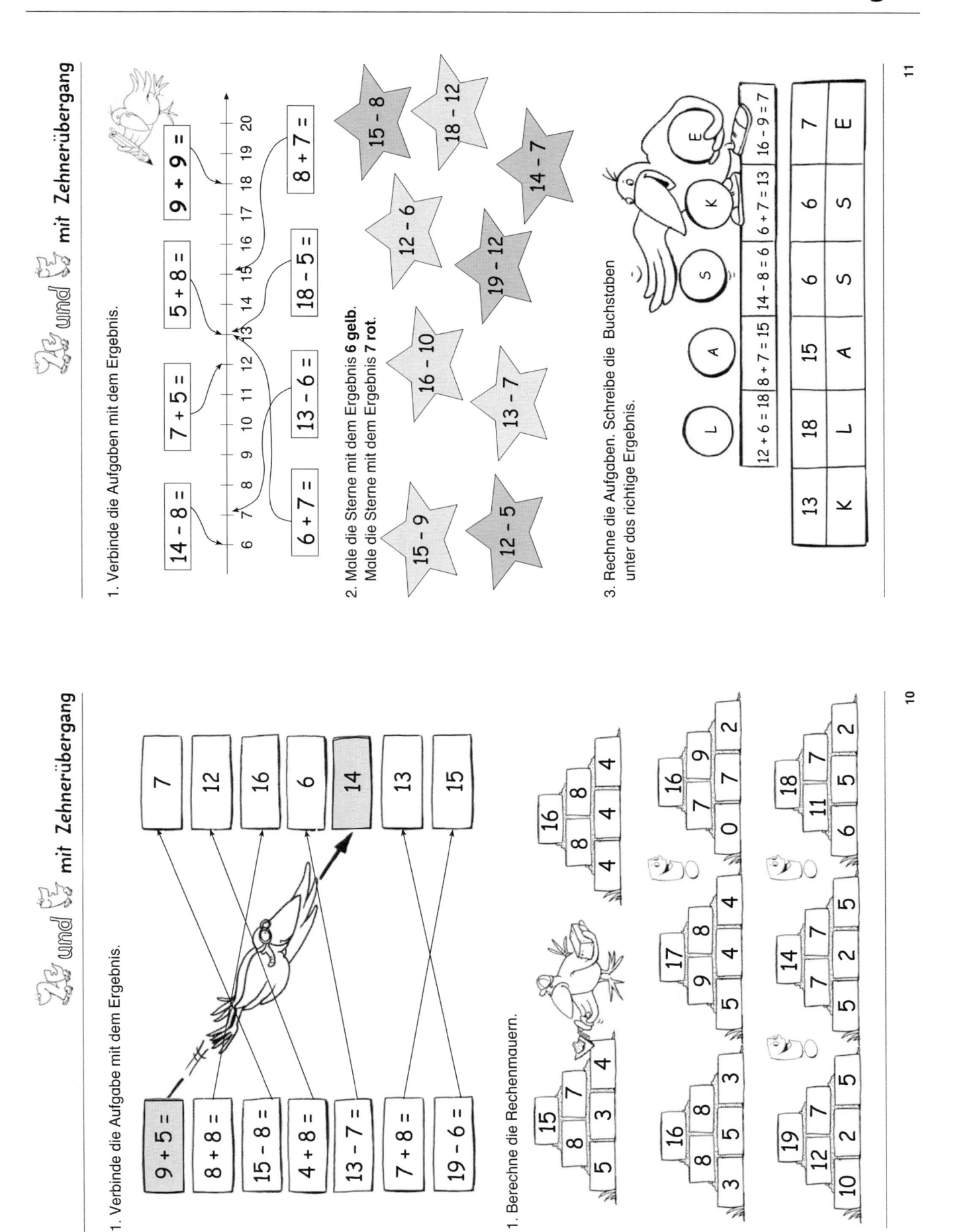

und mit Zehnerübergang

1. Verbinde die Aufgaben mit dem Ergebnis.

14 − 8 = , 7 + 5 = , 5 + 8 = , 9 + 9 =
6 + 7 = , 13 − 6 = , 18 − 5 = , 8 + 7 =

(Zahlenstrahl 6–20)

2. Male die Sterne mit dem Ergebnis 6 gelb. Male die Sterne mit dem Ergebnis 7 rot.

- gelb (6): 12 − 6, 18 − 12, 16 − 10, 15 − 9
- rot (7): 15 − 8, 14 − 7, 19 − 12, 13 − 7, 12 − 5

3. Rechne die Aufgaben. Schreibe die Buchstaben unter das richtige Ergebnis.

12 + 6 = 18	8 + 7 = 15	14 − 8 = 6	6 + 7 = 13	16 − 9 = 7
L	A	S	K	E

13	18	15	6	7
K	L	A	S	E

---

und mit Zehnerübergang

1. Verbinde die Aufgabe mit dem Ergebnis.

9 + 5 = 14
8 + 8 = 16
15 − 8 = 7
4 + 8 = 12
13 − 7 = 6
7 + 8 = 15
19 − 6 = 13

1. Berechne die Rechenmauern.

15 / 8 · 7 / 5 · 3 · 4

16 / 8 · 8 / 4 · 4 · 4   16 / 8 · 8 / 5 · 4 · 4   17 / 9 · 8 / 5 · 4 · 4   16 / 9 · 7 / 5 · 4 · 4   16 / 9 · 7 / 0 · 7 · 2   18 / 11 · 7 / 6 · 5 · 2

16 / 8 · 8 / 3 · 5 · 3   14 / 7 · 7 / 2 · 5 · 2   19 / 12 · 7 / 10 · 2 · 5

Lösungen

und mit Zehnerübergang

1. Rechne und schreibe die Ergebnisse in die Kästchen.

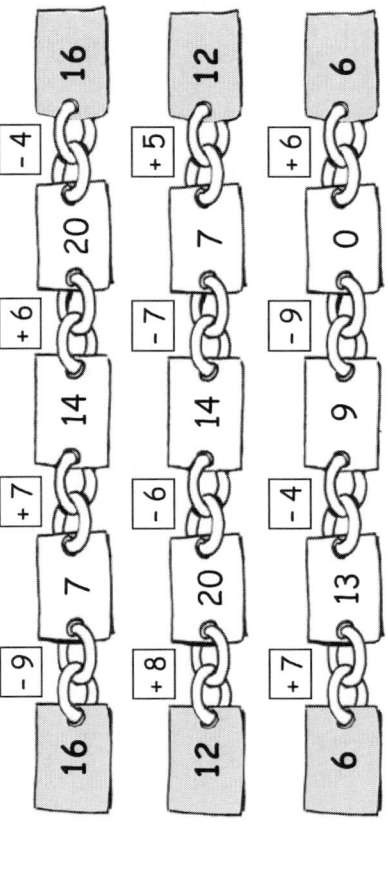

Kette 1: 16 − 9 → 7 +7 → 14 +6 → 20 −4 → 16
Kette 2: 12 +8 → 20 −6 → 14 −7 → 7 +5 → 12
Kette 3: 6 +7 → 13 −4 → 9 −9 → 0 +6 → 6

2. Ergänze die Rechenrätsel.

6	+	6	=	12
+	?	−	?	−
5	+	1	=	6
=	?	=	?	=
11	−	5	=	6

9	+	8	=	17
+	?	−	?	+
7	−	4	=	3
=	?	=	?	=
16	+	4	=	20

7	+	8	=	15
+	?	−	?	+
7	−	6	=	1
=	?	=	?	=
14	+	2	=	16

3. Setze auch + und − ein.

3	+	8	=	11
+	?	−	?	+
9	−	1	=	8
=	?	=	?	=
12	+	7	=	19

und mit Zehnerübergang

1. Berechne die Rechenmauern.

Mauer 1: 20 / 9, 11 / 2, 7, 4
Mauer 2: 19 / 8, 11 / 3, 5, 6
Mauer 3: 16 / 8, 8 / 4, 4, 4 / 2, 2, 2, 2
Mauer 4: 15 / 9, 6 / 3, 3, 3
Mauer 5: 22 / 11, 11 / 5, 6, 5 / 2, 3, 3, 2 / 2, ?, ?, ?, 2

2. Berechne die Kettenaufgaben. Achte auf die Rechenzeichen.

5 + 3 + 7 = 15
17 − 9 − 6 = 2
3 + 9 + 8 = 20
7 + 5 − 8 = 4
12 − 8 + 7 = 11

13 − 4 − 7 = 2
3 + 8 + 4 = 15
11 − 8 − 2 = 1
15 − 7 + 5 = 13
7 + 7 − 5 = 9

H. G. Witzel: Produktives Üben: Plus- und Minusaufgaben im Zahlenraum bis 100
© Persen Verlag

Lösungen

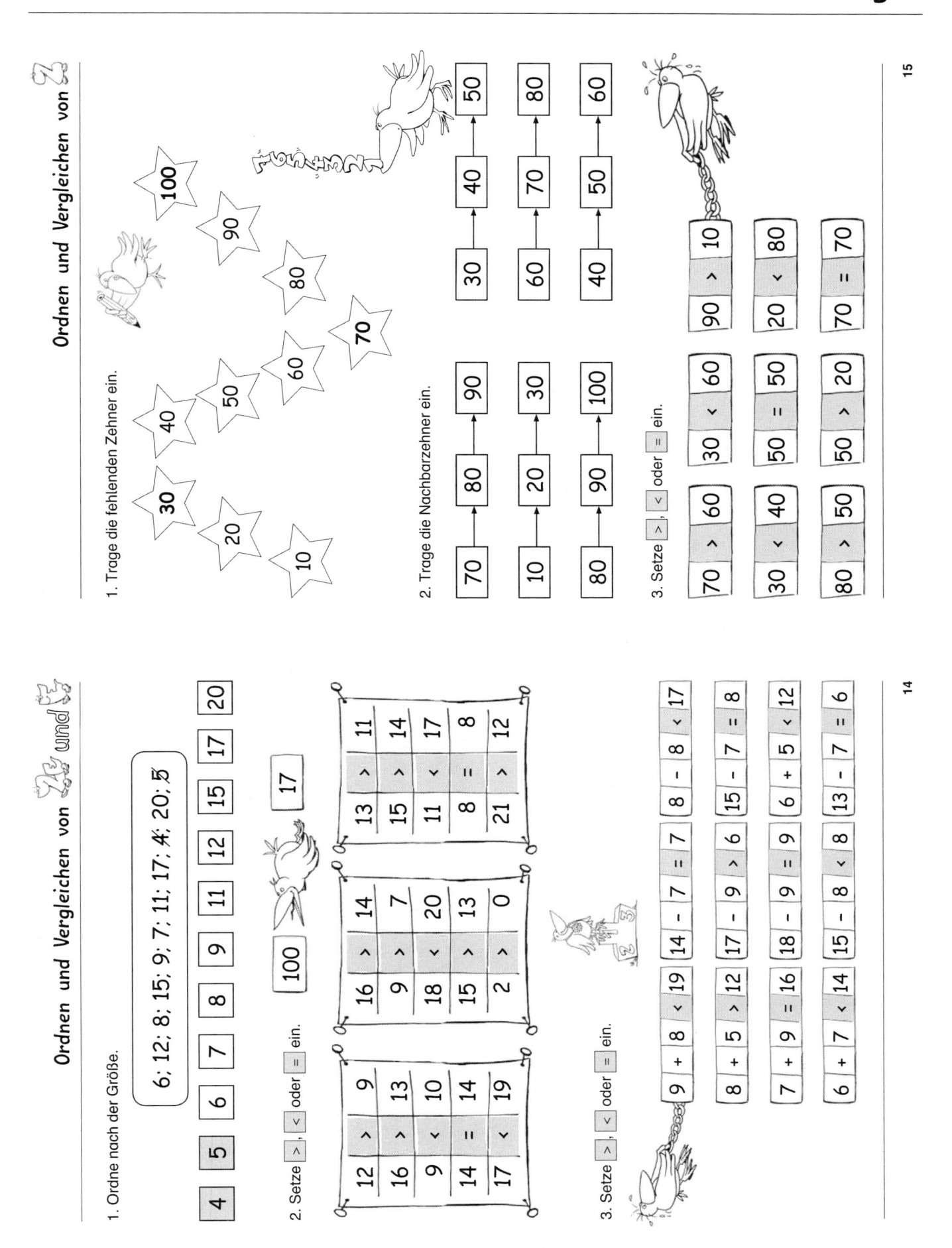

Ordnen und Vergleichen von Z

1. Trage die fehlenden Zehner ein.

10, 20, 30, 40, 50, 60, 70, 80, 90, 100

2. Trage die Nachbarzehner ein.

70 – 80 – 90
10 – 20 – 30
80 – 90 – 100
30 – 40 – 50
60 – 70 – 80
40 – 50 – 60

3. Setze >, < oder = ein.

70	>	60	30	<	60	90	>	10
30	>	40	50	=	50	20	<	80
80	>	50	50	<	20	70	=	70

Ordnen und Vergleichen von Z und E

1. Ordne nach der Größe.

6; 12; 8; 15; 9; 7; 11; 17; 4; 20; 5

4, 5, 6, 7, 8, 9, 11, 12, 15, 17, 20

2. Setze >, < oder = ein.

12	>	9	16	>	14	13	>	11
16	>	13	9	>	7	15	>	14
9	<	10	18	>	20	11	<	17
14	=	14	15	>	13	8	=	8
17	<	19	2	<	0	21	>	12

100   17

3. Setze >, < oder = ein.

6 + 7	<	14	7 – 8	=	7	8 – 8	<	17
7 + 9	=	16	18 – 9	=	9	15 – 7	=	8
8 + 5	>	12	17 – 9	>	6	6 + 5	<	12
9 + 8	<	19	14 – 7	=	7	13 – 7	=	6

Lösungen

Ordnen und Vergleichen von

1. Ordne die Zahlen. Beginne mit der kleinsten Zahl.

41; 52; 14; 25; 93; 39
14 → 25 → 39 → 41 → 52 → 93

46; 78; 19; 36; 64; 39
19 → 36 → 39 → 46 → 64 → 78

27; 84; 21; 54; 70; 45
21 → 27 → 45 → 54 → 70 → 84

67; 38; 11; 44; 76; 83
11 → 38 → 44 → 67 → 76 → 83

2. Setze >, < oder = ein.

75 > 67	19 = 19	89 > 83
88 > 48	54 < 57	72 = 72
23 < 32	34 > 32	45 < 47

Rechnen mit

1. Rechne und schreibe die Ergebnisse in die Kästchen.

40 →(+20) 60 →(−50) 10 →(+70) 80 →(−60) 20 →(+20) 40

10 →(+20) 30 →(+10) 40 →(+30) 70 →(−40) 30 →(+60) 90

2. Berechne die Rechenmauern.

100 / 50, 50 / 20, 30, 20 / (möglche Lösung)

90 / 60, 30 / 40, 20, 10

80 / 40, 40 / 20, 20, 20

3. Trage die fehlenden Zahlen in die Tabelle ein.

a	b	a+b	=
20	50	20+50	70
40	10	40+10	50
60	30	60+30	90
20	40	20+40	60
10	90	10+90	100
50	30	50+30	80

a	b	a−b	=
60	20	60−20	40
80	30	80−30	50
60	40	60−40	20
90	50	90−50	40
70	40	70−40	30
20	20	20−20	0

H. G. Witzel: Produktives Üben: Plus- und Minusaufgaben im Zahlenraum bis 100
© Persen Verlag

Lösungen

Ordnen und Vergleichen von 100

1. Setze >, < oder = ein.

89	>	56
75	>	33
34	=	34
21	<	14
91	>	19
77	<	87

56	<	65
22	=	22
96	>	67
20	<	42
13	<	17
16	>	0

99	=	99
100	>	95
46	<	74
23	<	33
79	>	68
53	<	88

Ordnen und Vergleichen von 17

2. Setze >, < oder = ein.

74 + 5 < 82 | 91 – 4 < 88 | 32 – 7 < 26
63 – 7 = 56 | 82 + 9 = 91 | 56 + 7 = 63

(Seite 100)

33 + 45	>	77	66 – 38	=	28	27 + 55	>	83
97 – 19	>	76	17 + 47	>	54	77 – 29	=	48
44 + 55	=	99	65 – 47	<	21	27 + 26	<	63

Ordnen und Vergleichen von

1. Ordne die Zahlen. Beginne mit der **größten** Zahl.

19; 56; 91; 57; 23; 32
91 → 57 → 56 → 32 → 23 → 19

43; 77; 34; 67; 16; 22
77 → 67 → 43 → 34 → 22 → 16

25; 44; 63; 84; 48; 21
84 → 63 → 48 → 44 → 25 → 21

39; 55; 72; 17; 93; 27
93 → 72 → 55 → 39 → 27 → 17

2. Setze >, < oder = ein.

56	>	41	37	<	73	51	=	51
74	=	74	29	<	31	96	>	16
47	<	48	43	>	35	17	<	64

Lösungen

Gemischte Aufgaben mit + und −

1. Verbinde mit dem richtigen Ergebnis.

65 + 4 = 69
37 − 5 = 32
22 + 6 = 28
95 + 4 = 99
78 − 5 = 73

2. Berechne die Rechenmauern.

Mauer 1: 3 – 9 – 9 – 18 / 5 – 4 – 5 / 3 – 2 – 2 – 3 / 18

Mauer 2: 70 / 36 – 34 / 20 – 16 – 18 / 12 – 8 – 8 – 10 / 7 – 5 – 3 – 5 – 5 / 3 – 4 – 1 – 2 – 3 – 2

Mauer 3: 40 / 22 – 18 / 11 – 11 – 7 / 5 – 6 – 5 – 2

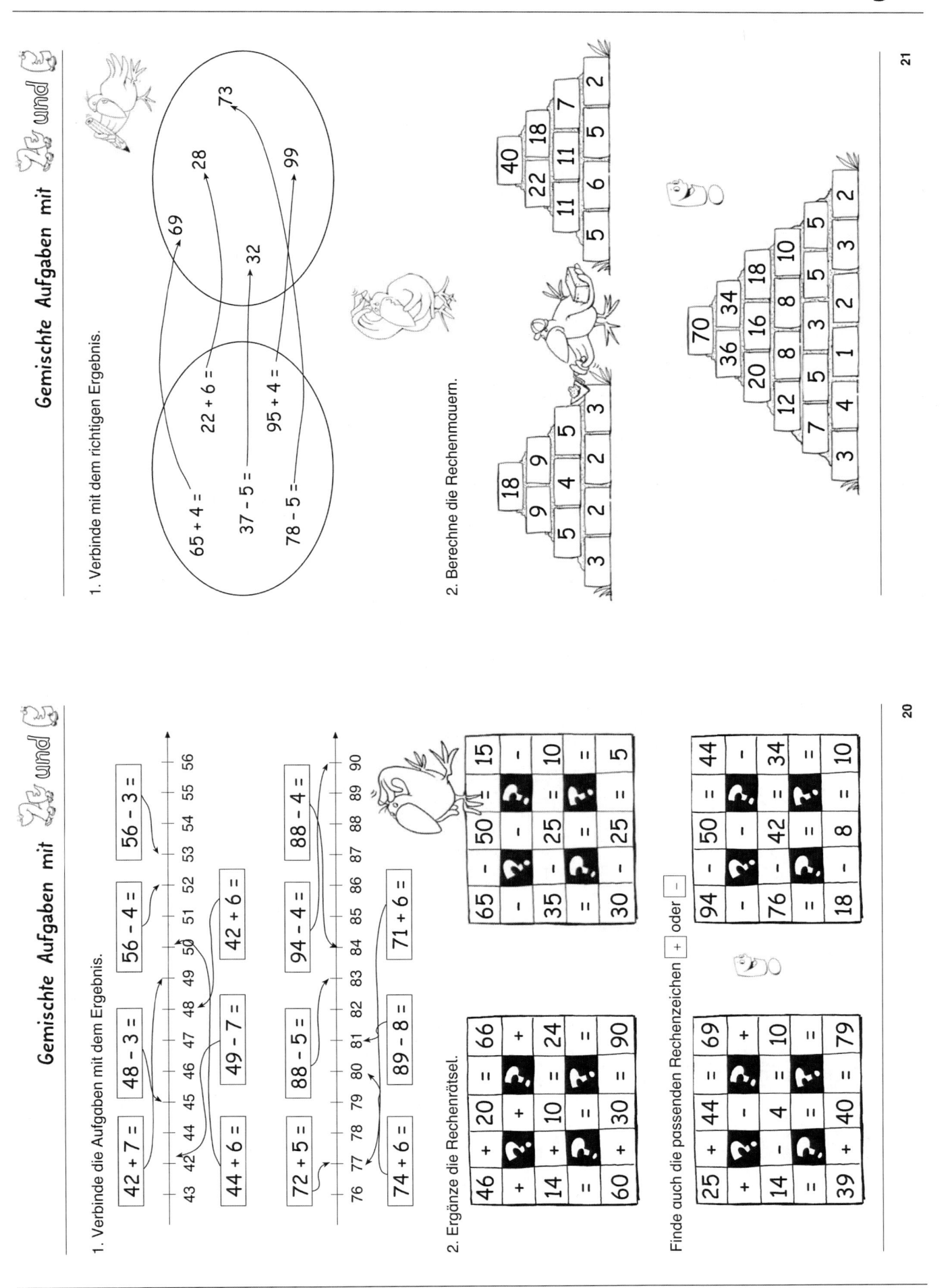

Gemischte Aufgaben mit + und −

1. Verbinde die Aufgaben mit dem Ergebnis.

42 + 7 = 49
48 − 3 = 45
56 − 4 = 52
56 − 3 = 53
44 + 6 = 50
49 − 7 = 42
42 + 6 = 48
72 + 5 = 77
88 − 5 = 83
94 − 4 = 90
71 + 6 = 77
74 + 6 = 80
89 − 8 = 81
88 − 4 = 84

2. Ergänze die Rechenrätsel.

65	−	15	−	10	=	5
−		−		−		
35	−	50	−	25	=	25
=		=		=		
30	−	25	−	25	=	

46	+	20	+	66
+		+		+
14	+	10	+	24
=		=		=
60	+	30	+	90

Finde auch die passenden Rechenzeichen + oder −.

94	−	50	=	44
−		−		−
76	−	42	=	34
=		=		=
18	−	8	=	10

25	+	44	=	69
+		−		−
14	−	4	=	10
=		=		=
39	+	40	=	79

H. G. Witzel: Produktives Üben: Plus- und Minusaufgaben im Zahlenraum bis 100
© Persen Verlag

Lösungen

Gemischte Aufgaben mit + und −

1. Verbinde die Aufgabe mit dem Ergebnis.

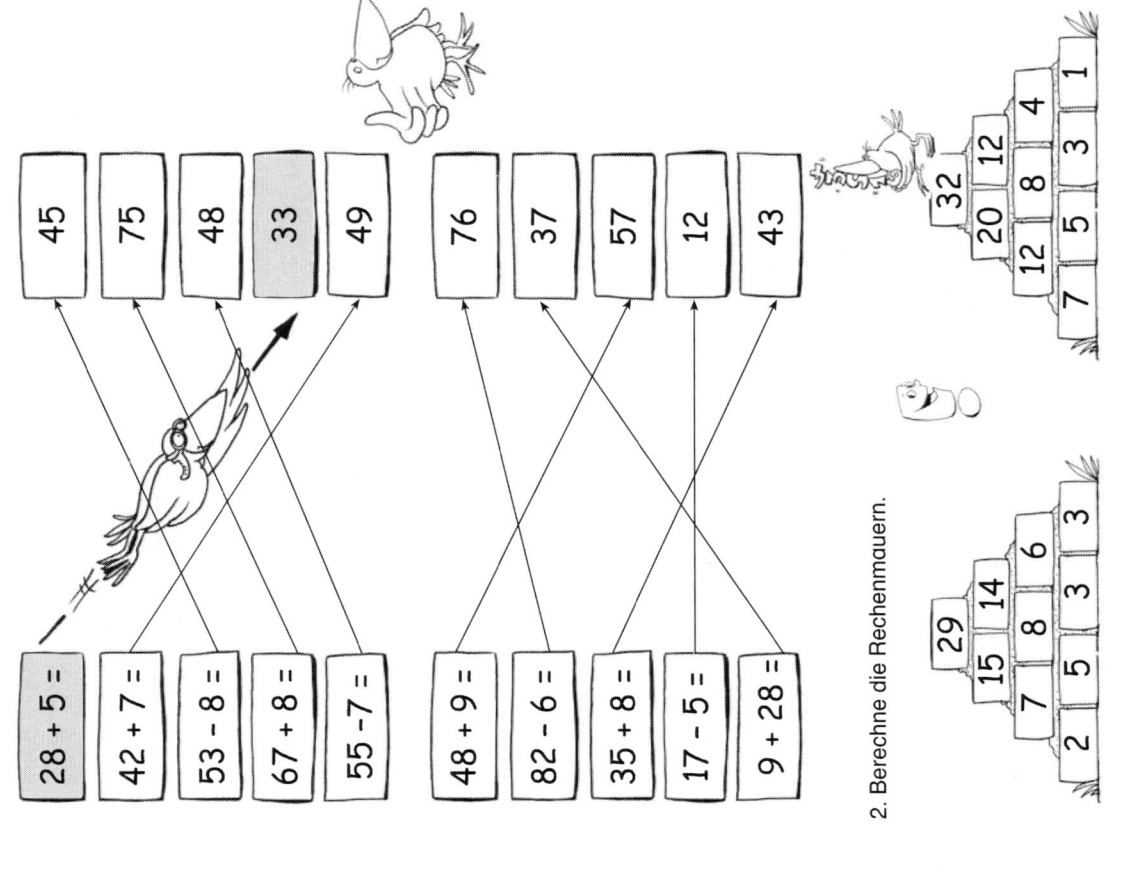

Aufgabe	Ergebnis
28 + 5 =	33
42 + 7 =	49
53 − 8 =	45
67 + 8 =	75
55 − 7 =	48
48 + 9 =	57
82 − 6 =	76
35 + 8 =	43
17 − 5 =	12
9 + 28 =	37

2. Berechne die Rechenmauern.

Mauer 1: 7, 5, 3, 1 / 12, 8, 4 / 20, 12 / 32

Mauer 2: 2, 5, 3 / 7, 8, 6 / 15, 14 / 29

Gemischte Aufgaben mit + und −

1. Rechne und schreibe die Ergebnisse in die Kästchen.

56 →+4→ 60 →−2→ 58 →−7→ 51 →−3→ 48 →+6→ 54 →+2→ 56

75 →−6→ 69 →−4→ 65 →+9→ 74 →−5→ 69 →+8→ 77 →−2→ 75

39 →−7→ 32 →−7→ 25 →+4→ 29 →−5→ 24 →+8→ 32 →+7→ 39

2. Trage die fehlenden Zahlen in die Tabelle ein.

a	a − 7 =
49	49 − 7 = 42
58	58 − 7 = 51
60	60 − 7 = 53
77	77 − 7 = 70
39	39 − 7 = 32
26	26 − 7 = 19

a	a + 4 =
63	63 + 4 = 67
75	75 + 4 = 79
48	48 + 4 = 52
86	86 + 4 = 90
67	67 + 4 = 71
19	19 + 4 = 23

H. G. Witzel: Produktives Üben: Plus- und Minusaufgaben im Zahlenraum bis 100
© Persen Verlag

Lösungen

Gemischte Aufgaben mit Zr und Zr

1. Verbinde die Aufgaben mit dem Ergebnis.

26 + 26 = → 52
67 − 17 = → 50
96 − 38 = → 58
37 + 19 = → 56
72 − 23 = → 49
83 − 29 = → 54
46 + 15 = → 61

2. Ergänze die Rechenrätsel.

50	+	14	=	64
−		=		=
6	−	5	=	11
=		=		=
44	+	9	=	53

93	−	48	=	45
=		=		=
35	+	10	=	25
+		+		+
58	−	38	=	20

78	−	5	=	73
=		=		=
9	+	18	=	27
+		−		+
69	−	23	=	46

66	−	18	=	48
=		=		=
28	+	10	=	38
+		−		+
38	−	28	=	10

Setze auch + oder − ein.

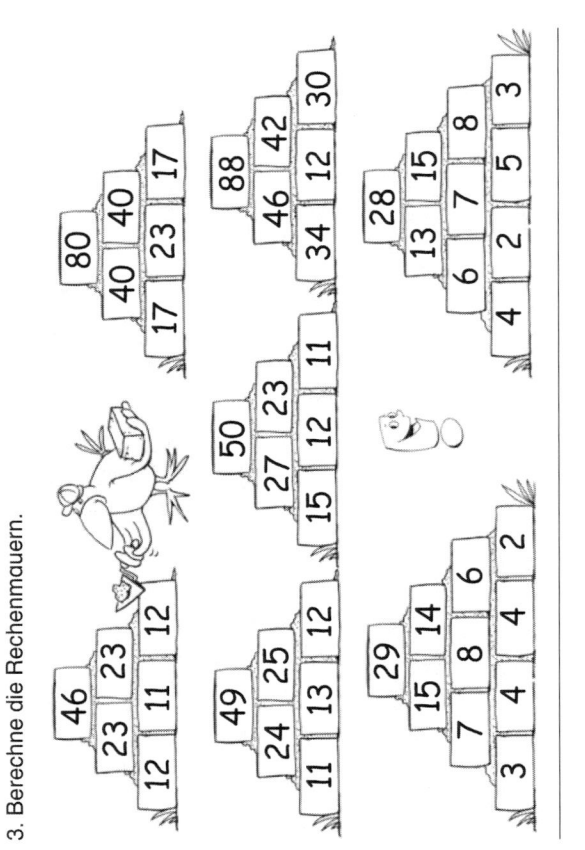

Gemischte Aufgaben mit Zr und Zr

1. Der Zahlenteppich soll immer **56** ergeben.

56	44	25	42	36	45	43	48
	12	31	14	20	11	13	8

2. Der Zahlenteppich soll immer **79** ergeben.

79	35	49	54	14	41	56	57
	44	30	25	65	38	23	22

3. Berechne die Rechenmauern.

		80		
	40		40	
17		23		17

		88		
	46		42	
34		12		30

		28		
	13		15	
6		7		8

46				
23	23			
12	11	12		

		50		
	27		23	
15		12		11

29				
15	14			
7	8	6		

49				
24	25			
11	13	12		

		11		
	5		6	

		3		
	4		4	
		2		

Lösungen

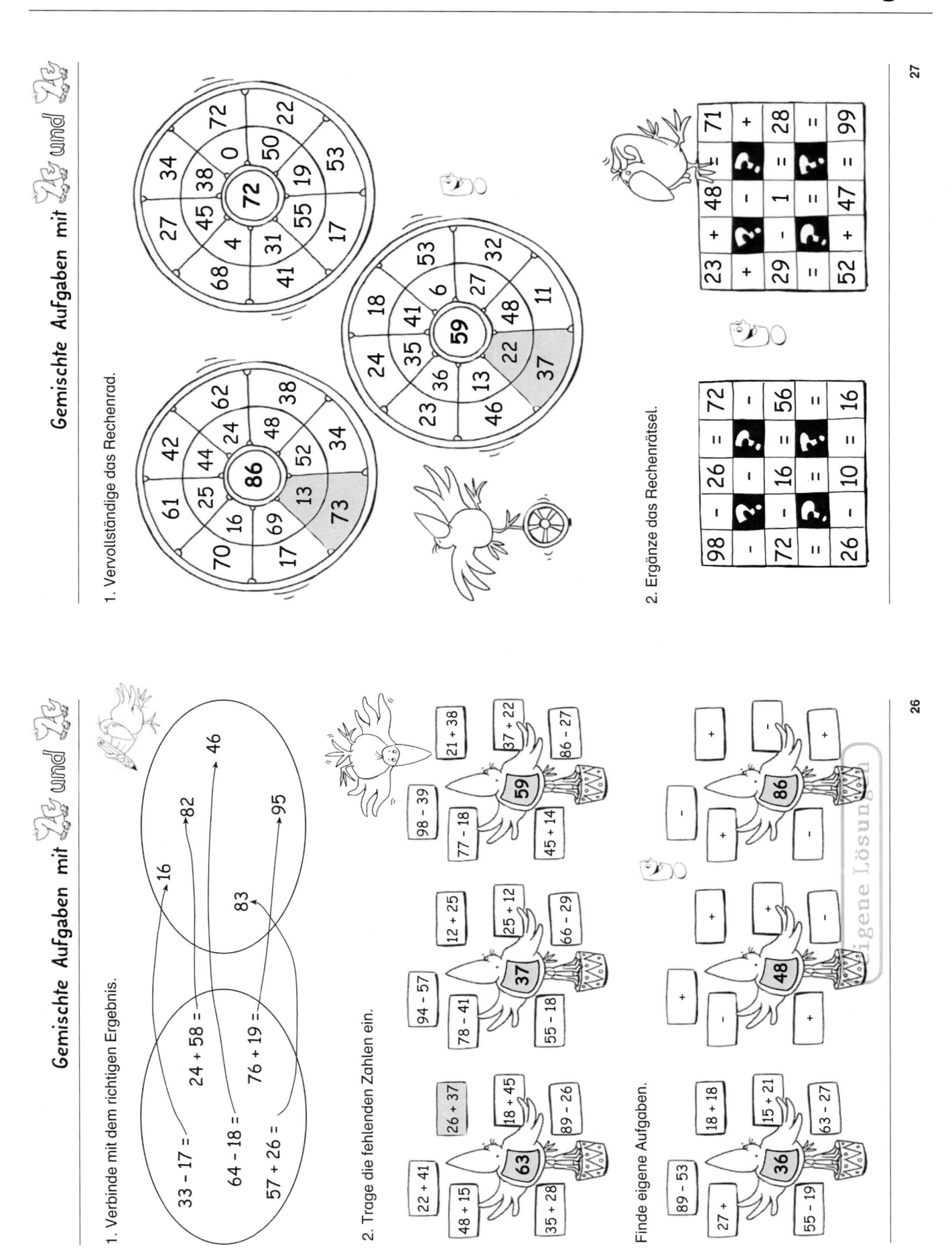

Gemischte Aufgaben mit ZE und ZA

1. Vervollständige das Rechenrad.

Rad 1 (Mitte 72): 34, 0, 50, 22, 72, 53, 19, 55, 17, 31, 4, 45, 27, 68, 41, 38

Rad 2 (Mitte 59): 18, 41, 6, 27, 32, 11, 48, 22, 37, 46, 13, 36, 23, 24, 35, 53

Rad 3 (Mitte 86): 42, 44, 24, 48, 38, 34, 52, 13, 73, 17, 69, 16, 25, 61, 62, 70

2. Ergänze das Rechenrätsel.

23	+	48	=	71
+		–		+
29	–	1	=	28
=		=		=
52	+	47	=	99

98	–	72	=	26
–		–		–
26	–	16	=	10
=		=		=
72	–	56	=	16

Gemischte Aufgaben mit ZE und ZA

1. Verbinde mit dem richtigen Ergebnis.

33 – 17 = 16
24 + 58 = 82
64 – 18 = 46
76 + 19 = 95
57 + 26 = 83

2. Trage die fehlenden Zahlen ein.

63: 22 + 41, 48 + 15, 26 + 37, 18 + 45, 89 – 26, 35 + 28

37: 94 – 57, 78 – 41, 12 + 25, 25 + 12, 66 – 29, 55 – 18

59: 21 + 38, 77 – 18, 98 – 39, 37 + 22, 86 – 27, 45 + 14

Finde eigene Aufgaben. — eigene Lösungen

86: +, –, +, –, +, –

48: +, +, –, –, +, +

36: 18 + 18, 15 + 21, 63 – 27, 55 – 19, 27 + ?, 89 – 53

Lösungen

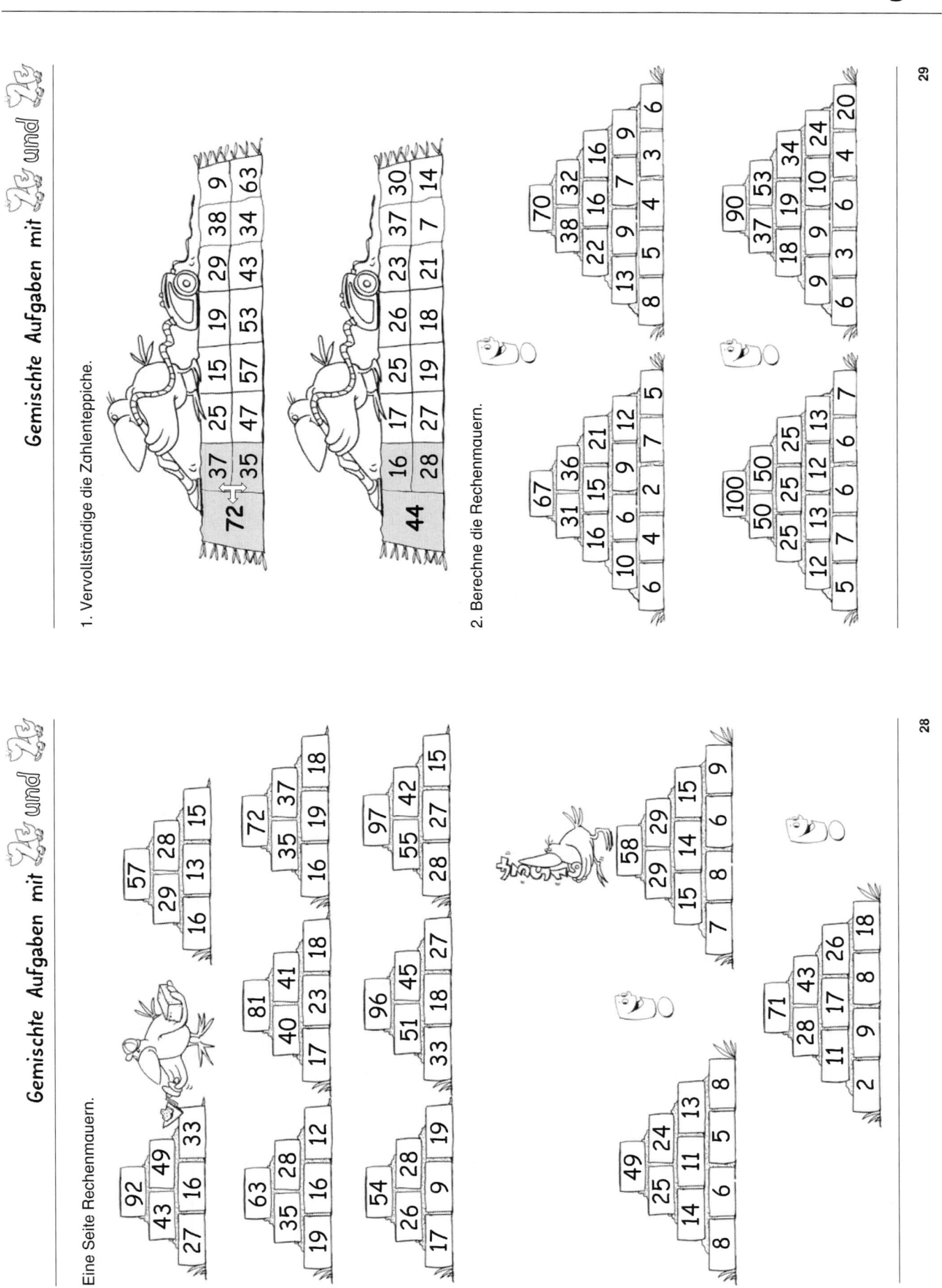

Gemischte Aufgaben mit Plus und Minus

1. Vervollständige die Zahlenteppiche.

72	37	35	25	15	19	29	38	9
			47	57	53	43	34	63

44	16	28	17	25	26	23	37	30
			27	19	18	21	7	14

2. Berechne die Rechenmauern.

```
         70
       38  32
      22 16 16
     13  9  7  9
    8  5  4  3  6
```

```
         67
       31  36
      16 15 21
     10  6  9  12
    6  4  2  7  5
```

```
         90
       37  53
      18 19 34
      9  9 10 24
    6  3  6  4 20
```

```
         100
       50  50
      25 25 25
     12 13 12 13
    5  7  6  6  7
```

Gemischte Aufgaben mit Plus und Minus

Eine Seite Rechenmauern.

```
         92
       43  49
      27 16 33
```

```
         63
       35  28
      19 16 12
```

```
         54
       26  28
      17  9 19
```

```
         57
       29  28
      16 13 15
```

```
         81
       40  41
      17 23 18
```

```
         96
       51  45
      33 18 27
```

```
         72
       35  37
      16 19 18
```

```
         97
       55  42
      28 27 15
```

```
         58
       29  29
      15 14 15
      7  8  6  9
```

```
         49
       25  24
      14 11 13
      6  5  8
      2
```

```
         71
       28  43
      11 17 26
      9  8 18
```

Lösungen

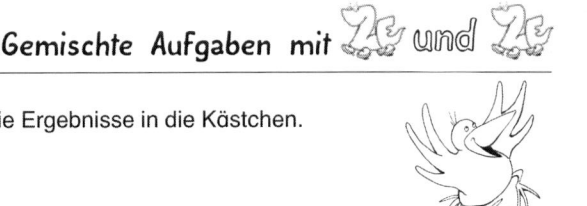

Gemischte Aufgaben mit ZE und ZE

1. Ergänze das Rechenrätsel. Setze auch + oder − ein.

6	+	18	+	24
+		=		+
24	−	?	+	66
=		+		=
30	+	60	=	90

44	+	16	=	60
+		+		+
22	+	?	+	30
=		=		=
66	+	24	=	90

2. Berechne die Kettenaufgaben.

14 + 27 + 36 = 77
45 + 17 + 26 = 88
12 + 36 + 48 = 96
56 + 18 + 24 = 98
21 + 16 + 49 = 86
47 + 34 − 36 = 45
29 + 53 − 48 = 34

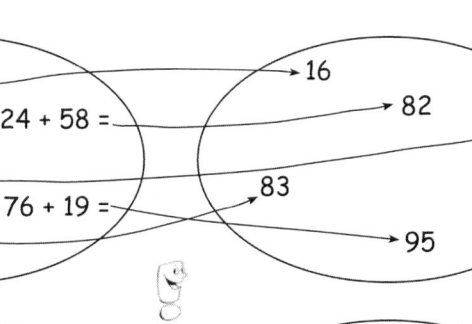

Gemischte Aufgaben mit ZE und ZE

1. Rechne und schreibe die Ergebnisse in die Kästchen.

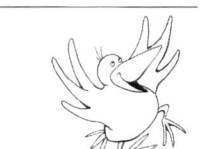

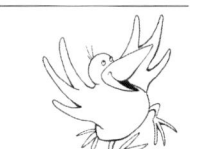

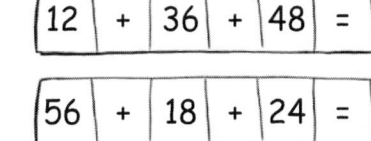

38 → +24 → 62 → −18 → 44 → −19 → 25 → +17 → 42 → −12 → 30 → +8 → 38

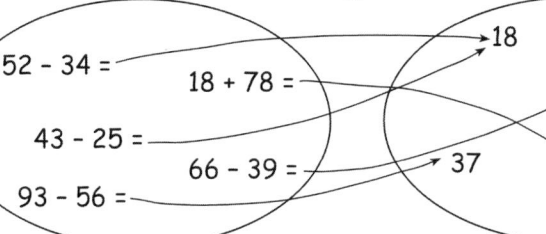

55 → −28 → 27 → +15 → 42 → +39 → 81 → −16 → 65 → −15 → 50 → +5 → 55

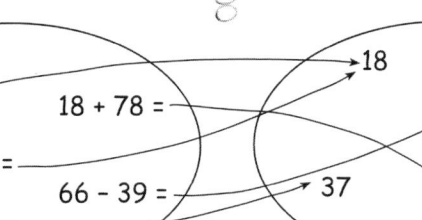

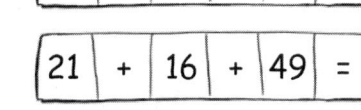

32 → +29 → 61 → −17 → 44 → +47 → 91 → −16 → 75 → +25 → 100 → −58 → 42

2. Verbinde mit dem richtigen Ergebnis.

33 − 17 = → 16
24 + 58 = → 82
64 − 18 = → 46
76 + 19 = → 95
57 + 26 = → 83

52 − 34 = → 18
18 + 78 = → 96
43 − 25 = → 27... (18)
66 − 39 = → 37... (27)
93 − 56 = → 37

Lösungen

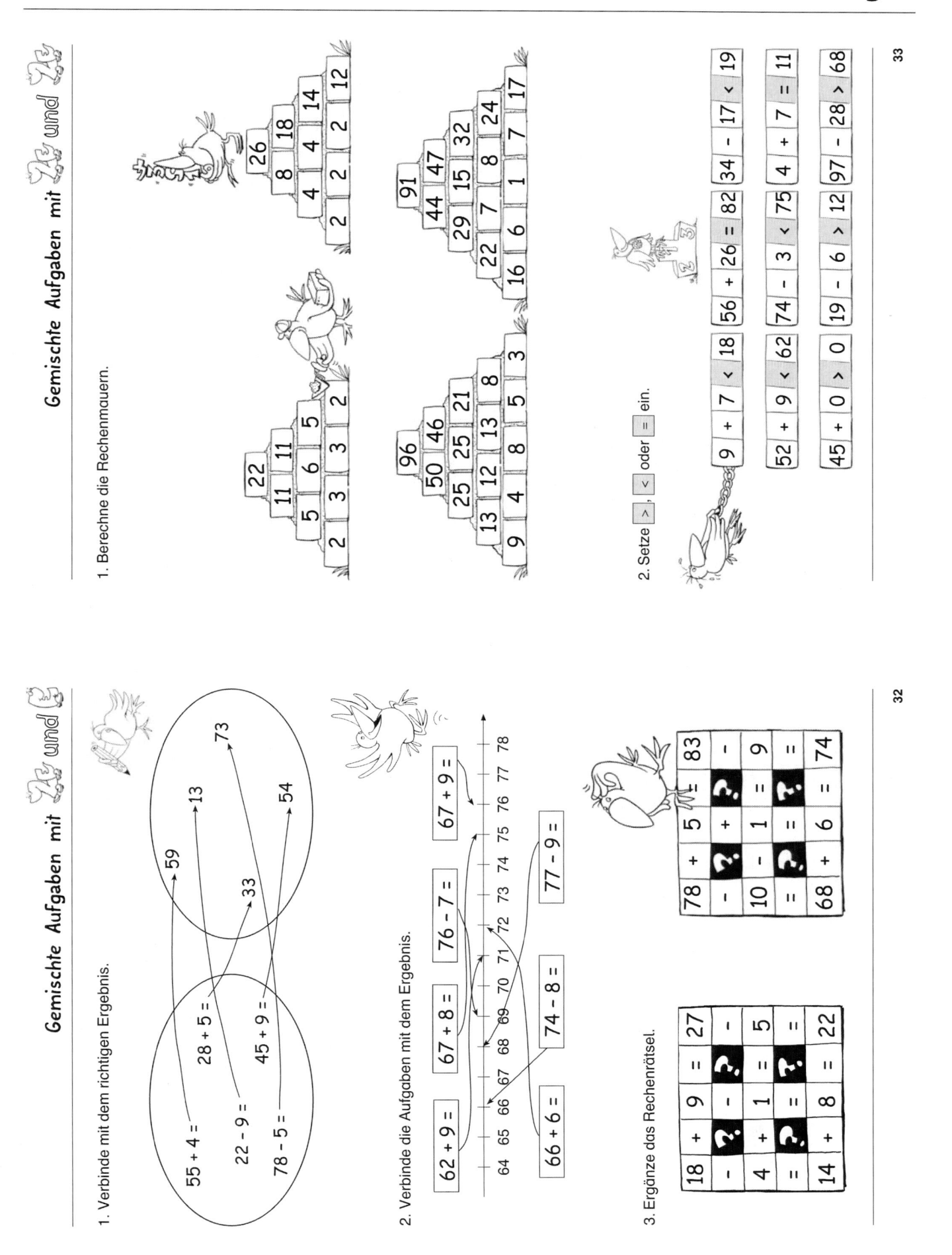

Gemischte Aufgaben mit Ze und Zü

1. Berechne die Rechenmauern.

```
          22
        11  11
       5   6   5
      2  3  3  2

          96
        50  46
      25  25  21
    13  12  13  8
   9  4  8  5  3
```

```
                26
              8  18
             4  4  14
            2  2  2  12

            91
          44  47
        29  15  32
      22  7  8  24
    16  6  6  1  7  17
```

2. Setze > , < oder = ein.

9 + 7	<	18	56 + 26	=	82	34	−	17	<	19
52 + 9	<	62	74	−	3	<	75	4	+	7	=	11
45 + 0	>	0	19	−	6	>	12	97	−	28	>	68

Gemischte Aufgaben mit Ze und Zü

1. Verbinde mit dem richtigen Ergebnis.

55 + 4 = 59
28 + 5 = 33
22 − 9 = 13
45 + 9 = 54
78 − 5 = 73

2. Verbinde die Aufgaben mit dem Ergebnis.

62 + 9 =
67 + 8 =
76 − 7 =
77 − 9 =
66 + 6 =
74 − 8 =
67 + 9 =

64 65 66 67 68 69 70 71 72 73 74 75 76 77 78

3. Ergänze das Rechenrätsel.

18	+	?	−	9	=	27
−		−		−		−
4	+	?	−	1	=	5
=		=		=		=
14	+	?	+	8	=	22

78	−	?	+	5	=	83
+		+		+		−
?	+	?	+	1	=	9
=		=		=		=
?	+	?	+	6	=	74

(mit 10 = und 68 in der unteren Zeile)

H. G. Witzel: Produktives Üben: Plus- und Minusaufgaben im Zahlenraum bis 100
© Persen Verlag

Lösungen

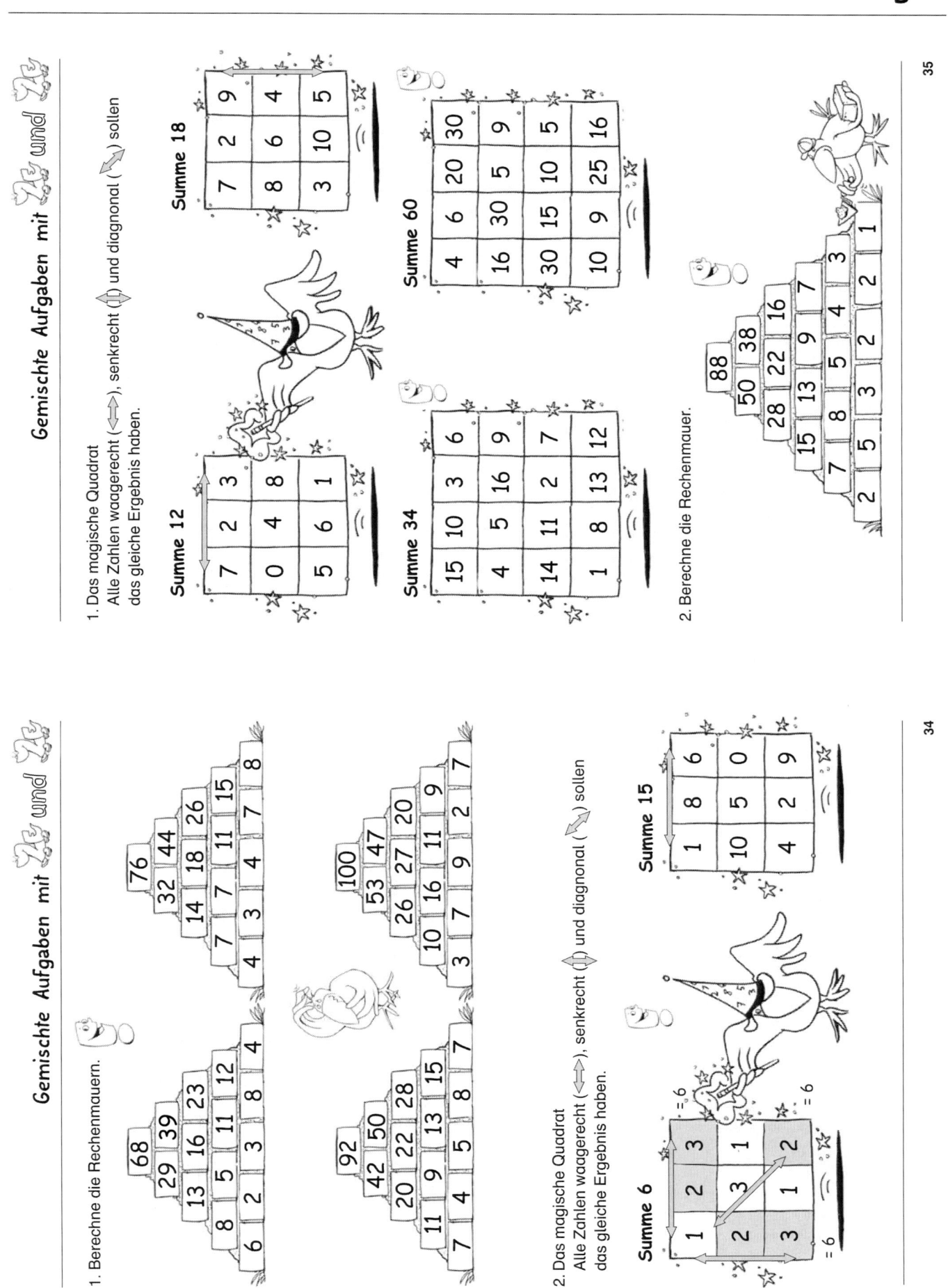

Gemischte Aufgaben mit + und −

1. Das magische Quadrat
Alle Zahlen waagerecht (↔), senkrecht (↕) und diagonal (↘) sollen das gleiche Ergebnis haben.

Summe 12

7	2	3
0	4	8
5	6	1

Summe 18

7	2	9
8	6	4
3	10	5

Summe 34

15	10	3	6
4	5	16	9
14	11	2	7
1	8	13	12

Summe 60

4	6	20	30
16	30	5	9
30	15	10	5
10	9	25	16

2. Berechne die Rechenmauer.

```
        88
      50  38
    28  22  16
  15  13  9   7
 7  8   5   4  3
2  5  3  2  2  1
```

Gemischte Aufgaben mit + und −

1. Berechne die Rechenmauern.

```
            68
          29  39
        13  16  23
       8  5  11  12
      6  2  3  8  4
```

```
              76
            32  44
          14  18  26
         7  7  11  15
        4  3  4  7  8
```

```
             92
           42  50
         20  22  28
        9  13  15
       7  4  5  8  7   (11)
```

```
              100
            53  47
          26  27  20
        10  16  11  9
       3  7  9  2  7
```

2. Das magische Quadrat
Alle Zahlen waagerecht (↔), senkrecht (↕) und diagonal (↘) sollen das gleiche Ergebnis haben.

Summe 15

1	8	6	0
10	5	2	9
4			

Summe 6

2	3	1
2	3	1
1	2	3
= 6 ... = 6

H. G. Witzel: Produktives Üben: Plus- und Minusaufgaben im Zahlenraum bis 100
© Persen Verlag

Gemischte Aufgaben mit ZE und ZE

1. Berechne die Kettenaufgaben. Achte auf die Rechenzeichen.

83	-	36	+	13	=	60
75	-	47	-	28	=	0
93	-	66	+	16	=	43
56	+	37	-	47	=	46

2. Das magische Quadrat
Alle Zahlen waagerecht (⇔), senkrecht (⇕) und diagonal (⤡) sollen das gleiche Ergebnis haben.

Summe 15

8	1	6
3	5	7
4	9	2

Summe 15

6	7	2
1	5	9
8	3	4

Summe 34

16	2	3	13
5	11	10	8
9	7	6	12
4	14	15	1

Aufgaben für Rechenmeister

1. Trage die **Ergebnisse** in die Tabelle ein.

a	a + 8
63	**71**
75	83
67	75
34	42
78	86
9	17

a	a - 9
94	85
92	83
47	38
54	45
25	16
36	27

a	b	a + b
34	48	82
18	25	43
56	28	84
55	37	92
46	27	73
12	32	44

a	b	a - b
27	18	9
87	56	31
73	58	15
92	48	44
28	13	15
85	56	29

2. Ergänze die Rechenrätsel.
Setze auch + oder − ein.

79	+	9	=	88
+	?	+	?	+
7	+	1	=	8
=	?	=	?	=
86	+	10	=	96

36	+	8	=	44
-	?	-	?	-
1	+	5	=	6
=	?	=	?	=
35	+	3	=	38

3. Rechne die Aufgaben.
Schreibe die Buchstaben unter das richtige Ergebnis.

R	I	T	G	E	F
18 + 29 = 47	34 + 57 = 91	47 - 38 = 9	26 + 29 = 55	83 - 69 = 14	17 + 17 = 34

34	14	47	9	91	55
F	E	R	T	I	G

© Persen Verlag